Handbuch für die Praxis

Armin Krenz

Entwicklungsorientierte Elementarpädagogik

Kinder sehen, verstehen
und entwicklungsunterstützend handeln

Umschlaggestaltung: Patricia Fuchs, AVR, München
Umschlagfoto: io_nia/Thinkstockphotos.de
Fotos: S.9 Claudia Paulussen/Fotolia.com, S.31 pmartike/Fotolia.com, S.43 karelnoppe/de.thinkstock.com, S.71 Maria Pavlova / de.thinkstock.com (iStock), S.109 Xavier_S/de.thinkstock.com (iStock), S.123 kristall – fotolia.com, S.149 SerrNovik - de.thinkstock.com (iStock)
Satz und Layout: Sigrun Borstelmann, München
Druck und Verarbeitung: Publikum, Belgrad

www.burckhardthaus-laetare.de
ISBN: 978-3-944548-02-9

Inhalt

Vorwort

Kindheitsforschungen belegen: Immer mehr Kinder reagieren gereizt, fühlen sich überfordert, besitzen wenig Belastbarkeit, sind unruhig oder inaktiv. Sie reagieren auf subjektiv erlebte Überforderungen mit Aggressivität und wenden zunehmend Gewalt gegen Dinge und andere Personen an (vgl.: Bergmann, W., 2009; Rittelmeyer, Chr., 2007; Krowatschek, D., 2009). Sie wollen Wünsche möglichst umgehend erfüllt bekommen und reagieren mit Wutausbrüchen, wenn Wunscherfüllungen versagt werden. Kinder haben vermehrt Herzrasen, Schlafstörungen, Magenbeschwerden und Kopfschmerzen; sie trauen nahezu niemandem und kritisieren jeden und alles, der bzw. was ihnen missfällt. Psychosomatische An-/Auffälligkeiten und immer frühere sowie intensivere Erfahrungen mit Suchtmitteln lassen besorgte Eltern und professionelle Fachkräfte aufhorchen und führen zu der Formulierung, dass viele Kinder in zunehmendem Maße **„innerlich aussteigen"**. Kinderärzte, Psychologen und (Elementar-)Pädagogen schlagen Alarm. Kindheiten und Kindsein sind heute schon lange kein Kinderspiel mehr. Offensichtlich kommt es bei einer großen Anzahl von Kindern zu **„Irritationen im Bereich der personalen Identität und Stabilität"**. In der aktuellen entwicklungspsychologischen Forschung gehen viele Wissenschaftler/-innen (Prof. Dr. Remo Largo/Prof. Dr. Leo Montada; Prof. Dr. Karl Heinz Brisch/ Prof. Dr. Theodor/Hellbrügge; Prof. Dr. Klaus E. Grossmann/Prof. Dr. Urs Fuhrer) inzwischen davon aus, dass Kinder in zunehmendem Maße **„Entwicklungsunterbrechungen durch Beziehungsstörungen"** erleben/erlebt haben, die es ihnen nahezu unmöglich machen, sogenannte Basisfähigkeiten aufzubauen. Genannt seien hier vor allem die Bereiche Selbst- und Fremdwahrnehmungsbereitschaft, Wahrnehmungsdifferenzierung, Selbstannahme, Erleben von

Personstärke, Öffnungsbereitschaft für Selbstexploration, Motivation zur Selbstentwicklung neu zu entdeckender Lernbereiche, Aktivitätsmotivation zum Stressabbau, Wertigkeitssensibilität, Gefühlsexploration, intrinsische Lernmotivation, konstruktives Konfliktmanagement.

Die Entwicklungspsychologie bestätigt immer wieder, dass bei Kindern zunächst stets der Auf- und Ausbau der Ich-Kompetenz – **vor** der Entwicklung der Sozialkompetenz – im Vordergrund steht, geht es doch hier vor allem um das Verhältnis des Kindes zu sich selbst und um seine Möglichkeiten, sich unter dem besonderen Aspekt der eigenen Interessen und Möglichkeiten mit sich sowie seinem unmittelbaren Umfeld auseinanderzusetzen. Das heißt, sich zu entdecken, zu explorieren und bedeutsame Erfahrungen zu machen, um zwei persönlich bedeutsame Einstellungen zu gewinnen: 1.) „Ich bin wer. Ich bin wichtig und habe eine Bedeutung! Es ist gut, dass ich auf der Welt bin." 2.) „Ich kann was! Ich kann Dinge in Gang setzen und eigenen Interessen nachgehen! Ich kann etwas bewirken, was mich fröhlich, glücklich und entspannt werden lässt." Dieser Ich-Kompetenz wird eine grundlegende Bedeutung im Hinblick auf die Entwicklung einer **Ich-Autonomie** beigemessen, die dem Kind hilft, (Selbst-)Vertrauen zu sich und zu seinem Handeln zu erlangen. Doch gleichzeitig zeigen o. g. Beobachtungen, dass es offensichtlich vielen Kindern immer schwerer fällt/gemacht wird, diese basale Entwicklung zu realisieren. Die Frage nach möglichen Hintergründen wird durch vielfach belegte Untersuchungsergebnisse offenbar: **Entwicklung geschieht durch eine positiv erlebte, Sicherheit-vermittelnde Bindung – und diese fehlt vielen Kindern!**

Diese sichere Bindung bzw. Beziehungsqualität kann als die **basisbildende Grundlage für die Persönlichkeitsentwicklung des Menschen** betrachtet werden und scheint daher von immer weniger Kindern in ihrer ganzen Tiefe erlebt zu werden.

Die elementarpädagogische Arbeit vollzieht sich im gesamten Alltag nur **in Form eines sehr engen Bindungsgeschehens** zwischen Menschen!

Bildungs-, Betreuungs- und Erziehungsarbeit muss für Kinder ein Bindungserleben möglich machen, getragen von Nähe, Aufmerksamkeit, Zuneigung, Interesse, Staunen, Neugierde und Zutrauen.

So ist es immer wieder und hauptsächlich der **positiv erlebte, zwischenmenschliche Kontakt,** der Kinder wiederum motiviert, Kontakt zu sich selbst zu suchen, herzustellen und sich über die eigene Existenz zu freuen. **Nur wenn dies gelingt,** ist der erste – und gleichzeitig entscheidende – Schritt zur Aktivierung und zum Aufbau einer Selbstbildung des Menschen getan.

Jedes Kind, das eine elementarpädagogische Einrichtung besucht, muss die Möglichkeit haben,

- gegenwärtige, positive Erlebnisse in all ihrer Vielschichtigkeit genießen zu können;
- immer wieder über eigene Entwicklungen und Stärken staunen zu können;
- mit Offenheit, Interesse und Neugierde die Herausforderungen des Alltags suchen und aufnehmen zu können und sich ihnen mit Engagement zu stellen;
- alte, lebenseinengende Fühl-, Denk- und Handlungsmuster zu erkennen und sich von diesen lösen zu können;
- Zusammenhänge von Ereignissen erkennen und herstellen zu können, um aus der Erkenntnis heraus neue Handlungsstrategien zur Lösung von Problemen zu entdecken;
- neue, unbekannte Spielräume im Rahmen eigener Verhaltensvielfalten zu entwickeln;
- alte, bis weit in die Vergangenheit zurückliegende „Geschichten“ zu klären, um aus belastenden Verstrickungen herauszufinden;
- in möglichst vielen bedeutsamen Situationen identisch mit sich umgehen zu können und sich selbst zu sagen: „Wie

schön, dass ich geboren bin, dem Leben schenk' ich einen Sinn. Das Glück ist hier im Kindergarten, ich muss nicht auf ein ‚Später' warten."

In Anbetracht dieser für die Elementarpädagogik besonders bedeutsamen Ausgangssituation ist es für die elementarpädagogischen Fachkräfte mit ihrem entwicklungsprägenden Einfluss unumgänglich, sich diesem hohen Bedeutungswert zuzuwenden. Einfach ausgedrückt heißt das: **Eine liebevolle, vertrauensvolle und verlässliche Bindung,** die Kinder in ihren ersten (und auch weiteren) Lebensjahren mit ihren Eltern sowie anderen Erwachsenen erfahren, ist die **Grundlage für die Entstehung der „Lebenskunst des Menschen"** und gleichzeitig die **Basis für ein tiefes Selbstvertrauen, die eigene Unabhängigkeit und zunehmende Selbstständigkeit.** Um mit den Worten der renommierten Erziehungsstilforscherin Diana Baumrind zu sprechen: Kinder brauchen *erst* Wurzeln, *dann* Flügel. Nur durch eine tief erlebte Geborgenheit und Annahme sind Kinder in der Lage, ihre „Lebenswurzeln" in Form von **Sicherheit und Lebensfreude** zu entwickeln und gleichzeitig vor einer Reihe seelischer Irritationen und lebenseinschränkender Ängste geschützt. So vielfältig die Verhaltensirritationen bei Kinder ausgeprägt sind – vor allem Ängste, gewaltbereites Handeln, aggressives Verhalten, Anstrengungsvermeidungsverhalten, oppositionelles Widerstandsverhalten gegenüber Anforderungen oder eine generelle Antriebslosigkeit –, so deutlich haben unterschiedliche, epidemiologische Studien unter Beweis gestellt, **dass diese und weitere problematischen Verhaltensweisen häufig direkt oder indirekt auf fehlende Bindungserfahrungen zurückgeführt werden können** (vgl. Grossmann, K. und Grossmann, K. E., 2004). So kommt immer wieder zum Ausdruck, dass eine als sicher erlebte Bindung ein wesentlicher *Schutzfaktor gegen seelische Irritationen* ist. Dieses Buch möchte entscheidend dazu beitragen, dass jedes Kind in seiner Kindertagesstätte die Grundlagen findet, die es braucht, um sich mithilfe der elementarpädagogischen Fachkräfte – in einer guten Fortsetzung der elterlichen Pädagogik – und ihren humanistisch geprägten Persönlichkeitsmerkmalen förderlich zu entwickeln.

Kindheiten heute: veränderte Kindheiten und neue Herausforderungen

Eine ganz persönliche Einführung ...

„Früher war alles anders!" Dieser Satz ist selbst dem Autor des Artikels ein ganz und gar nicht seltener und zudem nicht ganz unbekannter Gedanke. Und fällt dieser Satz in der eigenen Partnerschaft, kontert der Ehepartner schmunzelnd: „Ja, ja – früher war auch alles aus Holz und es gab noch einen Kaiser."

Es stellt sich **sicherlich nicht** die Frage, ob „früher" alles anders war, weil die gesellschaftliche/industrielle Entwicklung nur wenig beim Alten beließ. Ob es hingegen „besser" war und es sich um ein eher unausgesprochen „idealisiertes Gedankengut" handelt, verbunden mit subjektiv positiv erlebten und ebenso positiv bewerteten Kindheits- und Jugenderfahrungen, bleibe dahingestellt. Angefangen vom Herumstromern im Wald, dem Zelten im eigenen Garten, dem Bau von unterirdischen Höhlen und Baumbuden, den unterschiedlichen Mutproben und dem Verbleib in den Dorfstraßen/bei Freunden, „bis es dunkel wurde – unserem Signal, nun langsam nach Hause zu kommen".

Ohne Zweifel hat sich vieles in den Lebenswelten und Umfeldbedingungen der Menschen in aller Welt – und damit auch in Deutschland – verändert, und Kinder bilden die Generation, die einerseits Vergleiche „zu früher" nicht durch im Leben erfahrene Eindrücke herstellen können, andererseits in einer Welt aufwachsen, die unwiederbringlich ihre eigene Gegenwart kennzeichnen.

Um sich einen **Eindruck heutiger Kindheiten** zu verschaffen, ist es notwendig, einige bedeutsame Fakten zu betrachten, die ihren Einfluss auf die kindliche Entwicklung nicht verfehlen.

Ausgangsfakten für heutige Kindheiten in Deutschland

Aus einer schier unüberschaubaren Datenmenge zum Faktenstand wie Kinder heute aufwachsen, seien nur einige wenige – und dennoch besonders bedeutsame – Realitäten herausgegriffen und genannt:

- Kinder und Jugendliche wachsen in Deutschland in einer **zunehmend alternden Gesellschaft** auf. So kann nach Angaben des Statistischen Bundesamtes davon ausgegangen werden, dass 2030 etwa jede dritte Person in Deutschland 60 Jahre und älter sein wird. Der Anteil der unter 20-jährigen wird ein Sechstel der Gesamtbevölkerung betragen. Mit dieser Verschiebung der Altersstruktur in der Bevölkerung ergeben sich für die nachwachsende Generation unterschiedliche Probleme.
- Kinder und Jugendliche wachsen überwiegend **mit einem Geschwisterkind** in Lebensformen auf, die dem sogenannten Normalentwurf der ehelichen Zwei-Eltern-Familie entsprechen. Damit fehlen vielen Kindern entsprechende Sozialbezüge.
- Kinder und Jugendliche leben im Altersverlauf zunehmend **in wechselnden Familientypen.**
- Gleichwohl leben Kinder und Jugendliche häufiger als früher in **„alternativen Familienformen"** – in nichtehelichen Paargemeinschaften, in Stieffamilien, in Alleinerziehendenhaushalten und vereinzelt auch in gleichgeschlechtlichen Paargemeinschaften.
- In den neuen Bundesländern hat sich in einer sehr viel kürzeren Zeitspanne und in einem größeren Umfang der Anteil

von unter 18-Jährigen in ehelichen Haushalten verringert – gleichzeitig wachsen erheblich **mehr Kinder bei allein erziehenden Elternteilen** auf als in den alten Bundesländern.

- Kinder und Jugendliche (bis zum 17. Lebensjahr) sind immer häufiger mit der **Trennung und Scheidung** ihrer Eltern konfrontiert.

- Innerhalb der deutschen Bevölkerung ist im letzten Jahrzehnt die **mütterliche Erwerbstätigkeit** kontinuierlich gestiegen (vor allem durch die Zunahme an Halbtags- und Teilzeitbeschäftigungen).

- Kinder aus den neuen Bundesländern haben nach wie vor häufiger eine **vollzeiterwerbstätige Mutter,** während Mütter in den alten Ländern öfter Teilzeit arbeiten oder gar nicht erwerbstätig sind. Väter gehen – unabhängig von der Kinderzahl – in der Regel einer Vollzeiterwerbstätigkeit nach.

- Die **beruflich bedingten Abwesenheitszeiten** verändern sich nach Alter und Anzahl der Kinder. Fast 25 % der aktiv erwerbstätigen Mütter in den neuen Bundesländern (mit einer wöchentlichen Arbeitszeit von 36 Stunden und mehr) haben ein Kind unter drei Jahren, während dies in den alten Ländern unter 10 % liegt.

- Fast 40 % der **Frauen** mit unter 14-jährigen Kindern **arbeiten** durch die zahlenmäßige Zunahme von geringfügigen Beschäftigungsverhältnissen in den Abendstunden (19–22 Uhr) und am Samstag, mehr als ein Viertel am Sonntag und 16 % nachts.

- Der **Alltag** von Kindern und Jugendlichen wird weitgehend **institutionell strukturiert** – durch Kinderbetreuungsangebote, die Verlängerung der Schulzeit im Lebensalter sowie den alltäglichen Unterrichts- und Lernzeiten, die Fülle von

Freizeitangeboten durch Vereine und Verbände, der Kinder- und Jugendhilfe sowie gewerbliche Anbieter im sogenannten Bildungs- und Kulturbereich.

- Durch die Schaffung spezieller kindspezifischer und jugendlicher Lebensräume manifestiert sich zum einen die **Trennung der Lebenswelten** von Kindern und Erwachsenen, zum anderen differenzieren sich mit der wachsenden Vielfalt von Angeboten die Lebenswelten von Kindern und Jugendlichen sowohl im Tages- als auch im Biografieverlauf aus.

- **Institutionelle Lebenswelten** strukturieren den Alltag, bestimmen und begrenzen Handlungs- und Bewegungsräume (Stichwort: **Terminkindheit**).

- Etwa zwei Drittel der 10- bis 15-jährigen Kinder werden schon früh **in biografisch relevante Entscheidungen einbezogen** (Stichwort: **„Verhandlungshaushalt“**).

- Ältere Kinder ab 13 Jahren und in noch größerem Ausmaß Jugendliche verdienen ihr eigenes Geld durch **„Jobben“** neben der Schule – sie können damit als **eigenständige Konsumenten** handeln und werden auch von der Konsumindustrie und Werbung gezielt angesprochen. (Anmerkung: es wird geschätzt, dass 6- bis 13-Jährige eine Kaufkraft von etwa 5,6 Milliarden Euro jährlich aufbringen, rechnet man Taschengeld, Sparguthaben und Geldgeschenke zusammen; die 14- bis 19-Jährigen verfügen über eine jährliche Kaufkraft von ca. 15 Milliarden Euro.

- Die **soziale Situation** sowie die gesellschaftliche Stellung einer Familie und ihrer Kinder ist zunehmend abhängig von deren sozioökonomischer Lage, ihrer ethnischen Zugehörigkeit, dem Geschlecht und den regionalen Lebensbedingungen.

- Bildungsprozesse – etwa durch Nachhilfeunterricht, Schülerhilfen, Paukkurse, Auslandsaufenthalte, Sprachreisen etc. – verlagern sich zunehmend in die schulfreie Zeit von Kindern und Jugendlichen. Aufgrund der unterschiedlichen ökonomischen Ausgangssituationen der Eltern können dadurch **deutliche Ungleichheiten im Bildungsniveau** der Kinder und Jugendlichen entstehen.

- Gleichaltrigenkommunikation und -unternehmungen, Cliquen-Leben, **Fernsehen sowie Video-, PC-Spiele** und zunehmend **gemeinsames Chatten** gehört zu den beliebtesten Freizeitbeschäftigungen von Kindern und Jugendlichen. Die Freiräume und Gestaltungsmöglichkeiten umfassen wochentags knapp sechs Stunden.

- **Medien** wie Fernsehen, Computer, Internet, CD-Player, Handys gehören für viele Kinder und Jugendliche zum alltäglichen Erfahrungsfeld. So ergab eine Online-Umfrage des Kindersenders Jetix, dass knapp 75 % aller befragten Kinder zwischen 7 und 14 Jahren beispielsweise einen eigenen Fernseher und einen PC besitzen, genau 75 % aller Kinder einen DVD-Player ihr Eigen nennen, 84 % der Kinder das Internet für Spiele nutzen und gut 50 % E-Mails schreiben und chatten. 70 % der Kinder besitzen ein Handy. Im Vergleich mit anderen europäischen Ländern liegen Kinder in Deutschland, was die **medientechnische Ausstattung** betrifft, damit an der Spitze. Auch wenn es alters-, geschlechts-, bildungs- und schichtspezifische Unterschiede in der Nutzung und im Zugang zu den Medien gibt, kann dennoch von einer weitgehenden Durchdringung der Lebensführung von Kindern und Jugendlichen durch Medien gesprochen werden (Stichwort: „Mediatisierung“, „Virtualisierung“, „heimliche Miterzieher“). Die Auswirkungen auf Entwicklungsprozesse, Entstehung von Meinungen und

Wertebildungen sowie Verhaltensweisen wird in der Wissenschaft kontrovers diskutiert. (Anmerkung zum Fernsehen: In Deutschland werden in einer normalen Woche im Schnitt 600 Mordszenen ausgestrahlt. Amerikanische Studien gehen davon aus, dass Kinder im Laufe ihrer Fernsehbiografie bis zu 12.000 Morde und Gewaltszenen konsumiert haben.)

- Durch die **Globalisierung** (= weltweite Annäherung und Angleichung von Arbeits-, Wirtschafts- und Lebensformen) und Internationalisierung ergibt sich für viele Kinder und Jugendliche in immer jüngerem Alter eine **Ausweitung ihrer Erfahrungs- und Erlebnismöglichkeiten** (Stichwort: frühe Auslandsreisen; Produktvielfalt der Nahrungsmittel).
- Eine Durchmischung und Verflechtung unterschiedlichster Nationen und Kulturen – auch angesichts der EU-Erweiterung – wird weiter zunehmen; die **Multikulturalität** wird größer.
- Alleinerziehende Personen sind einem deutlich höheren **Armutsrisiko** ausgesetzt als Paare mit Kindern. So liegt die aktuelle durchschnittliche Armutsrate bei Familienhaushalten mit (ledigen) Kindern bei 13 % und bei Alleinerziehenden bei knapp 40 % – bei einer durchschnittlichen Armutsrate der Bevölkerung von 16 %. Die Armutssituation der Kinder und Jugendlichen zeigt ab den 90er-Jahren einen konstanten Anstieg. Mehr als der Hälfte aller von Armut betroffenen Personen gelingt es allerdings, ihre Situation nach einer „Armutsperiode" von bis zu drei Jahren zu verbessern. Gleichzeitig ist belegt, dass von den Kindern, die die Armutssituation überwunden haben, wieder die Hälfte in einem Zeitraum von vier Jahren zurückfällt. Dabei gibt es deutliche Unterschiede zwischen den neuen (83 %) und alten (58 %) Bundesländern.

- Kinder und Jugendliche, die in innenstadtnahen oder innerstädtischen verkehrsreichen Wohngebieten mit einem eher schlechten Baubestand, mangelnden Spiel- und Freiflächen bzw. fehlenden Freizeitangeboten, einer überwiegend homogenen Bevölkerung mit einem eher niedrigen Sozialstatus und einem damit häufig verbundenen hohen sozialen Konfliktpotenzial aufwachsen, müssen in ihren Erfahrungs- und Entwicklungsmöglichkeiten im **häuslichen Wohnumfeld** starke Einschränkungen erfahren.
- Laut Statistischem Bundesamt geben Eltern heute bis zur Hälfte ihres monatlichen Haushaltsnettoeinkommens für die Kinder aus – Miete und Möbel anteilig mitgerechnet. Je nach Kinderzahl und Einkommen belaufen sich die Ausgaben pro Heranwachsenden und Monat auf eine Summe zwischen 255 bis 865 Euro.

Veränderte Sozialisationsbedingungen prägen veränderte Kindheiten

Alle diese Tatsachenabbildungen zeigen **deutliche Merkmale einer veränderten Kindheit** im Vergleich mit vorangegangenen Kindheiten zurückliegender Generationen. Konnten Kinder in früheren Zeiten eher in einem größeren Familienverbund mit zumeist mehreren Geschwistern und im Zusammenleben mit ihren Großeltern bei gleichzeitiger Pflege von Verwandtschaftsbeziehungen aufwachsen, wobei ihnen ihre Mütter weitestgehend einen großen Teil des Tages zur Seite standen, gibt es heute vermehrt **„Schlüsselkinder"**, die in einer eher technisierten, medial und konsumorientiert geprägten Umwelt groß werden, die in ihren Bewegungs- und Handlungsräumen eher eingeschränkt sind und durch vielerlei Einflüsse außergewöhnlich vielen akustischen und optischen Eindrücken ausgesetzt sind.

Durch die Notwendigkeit der beruflichen Mobilität von Eltern und eine damit verbundene räumliche Mobilität (Wohnortwechsel, Umzüge) müssen Kinder zunehmend die Erfahrung machen, dass Eltern(-teile) einen überaus großen Teil des Tages entweder abwesend sind oder durch Wohnortwechsel aufgebaute Beziehungen abgebrochen werden müssen. **Die zunehmende Armut** vieler Familien und die **Ängste vieler Arbeitnehmer/-innen um den Erhalt ihres Arbeitsplatzes** bringt allgemeine und besondere Verunsicherungen in ein Familiensystem, die Kinder und Jugendliche bemerken und die auch auf ihr Verhalten Einfluss nehmen.

Dadurch, dass viele Eltern „nur das Beste“ für ihr Kind wünschen und die gleichzeitig öffentlich geführte „Bildungsdiskussion“ den Eindruck vermittelt, Kindern schon möglichst früh „Bildung zu vermitteln“, setzt auf der einen Seite die **Zukunftsplanung** für Kinder und Jugendliche immer früher ein und trägt dazu bei, dass gezielt initiierte „Bildungsmaßnahmen“ Kinder häufig schon weit vor der Kindergartenzeit erreichen, wodurch der Aspekt einer „freien Zeitgestaltung“ sehr eingeschränkt ist. Auf der anderen Seite ist aber auch zu beobachten, dass sogenannte bildungsferne Eltern aus einem Gefühl eigener Ohnmacht oder Resignation heraus wenig bzw. gar keine Bildungsimpulse für Kinder setzen. Der **Einfluss der Gleichaltrigen** auf das Erleben und Verhalten von Kindern und Jugendlichen nimmt einen zunehmend größeren Raum ein und scheint den Einfluss von elterlichen Einwirkmöglichkeiten weiter einzuschränken. Gleichzeitig eröffnet die Globalisierung und Internationalisierung den Kindern und Jugendlichen einen Erfahrungshorizont, der in dieser Ausprägung im Vergleich mit zurückliegenden Kinder- und Jugendgenerationen noch nicht existierte.

Grundsatzmerkmale einer heutigen Kindheit in Deutschland

Alle Ergebnisse machen deutlich, dass es aufgrund der aktuellen Gegebenheiten und der Erkenntnisse der Kindheitsforschung nicht mehr möglich ist, von „*einer unbelasteten Kindheit in Deutschland*“ zu sprechen, weil es eine allgemein positiv geprägte und zeitlich gesonderte, altersgemäß mehr oder weniger abgeschlossene „*eigenständige Lebensphase*“ nicht mehr gibt.

Insofern ist es fachwissenschaftlich richtig, von **„Kindheiten mit besonders typischen Einflüssen und häufigen Kindheitserfahrungen“** zu sprechen. Zwar ist es vielen Kindern heute leichter und eher als in vergleichbar zurückliegenden Generationen möglich, kognitive Entwicklungsmöglichkeiten aufzunehmen und zu nutzen, allerdings ist es ihnen schwerer möglich, sich emotional stabil und räumlich-körperlich zu entfalten. **Stabile „Beziehungsverhältnisse“** verändern sich in eher **punktuelle „Erziehungsverhältnisse“**, in denen Kinder und Jugendliche verstärkten Verhaltenserwartungen einer Erwachsenenwelt geprägten Umgebung ausgesetzt sind. Die den Kindern und Jugendlichen zur Verfügung stehenden Entfaltungschancen, die ungleich höher sind als bei Kindern und Jugendlichen vergangener Generationen, sind aber auch **stets mit neuen Belastungen verbunden,** weil sie die individuellen Entwicklungsmöglichkeiten häufig strapazieren und die Bewältigungskapazitäten mancher Kinder und Jugendlichen überfordern (können). Darin ist auch der Hintergrund für **viele Verhaltensirritationen bei Kindern und Jugendlichen** in den Bereichen der persönlichkeitsbezogenen, sozialen und körperlichen Auffälligkeiten zu sehen und zu verstehen. Viele Eltern erfüllen häufiger als früher die materiellen Wünsche ihrer Kinder, wobei eine „Sättigung der seelischen Grundbedürfnisse“ allerdings in zunehmendem Maße unberücksichtigt bleibt.

So laufen zunehmend mehr Kinder „neben der Erwachsenenwelt" her und werden in der **Verarbeitung ihrer Lebenswelt** alleingelassen, ohne grundlegende Kompetenzen zu besitzen, ihr Leben selbstständig und autonom in den Griff zu bekommen. Kinder und Jugendliche sind eingebunden in eine **„Erwartungswelt"** der Kinderkrippe, des Kindergartens, der Schule, ihrer Eltern, ihres Wohnbereichs und ihrer Freundesclique, ohne häufig einen selbsterfahrungsorientierten Freiraum zu erhalten, um zu sich selbst zu finden und mit sich selbst (sowie in der Folge mit ihrem unmittelbaren Umfeld) kompetent umgehen zu können. Wurden Kinder früher als unfertige, un[ter] entwickelte Wesen eingeschätzt, so werden sie heute von „bildungsaktiven Erwachsenen" als kindliche Persönlichkeiten betrachtet mit „förderungsnotwendigen Potenzialen". Sie werden häufig wie ernst zu nehmende Akteure eingestuft und befinden sich gleichzeitig in einer abhängigen, erwartungszentrierten Position. Insoweit tragen Erwachsene (Amateure und professionelle Fachkräfte) täglich dazu bei, **Kindheiten in einem Widerspruch einzuschätzen.** Entsprechend widerspruchsvoll entwerfen sie in ihren Vorstellungen ein „Bild vom Kind" und gestalten den Alltag von Kindern auch häufig uneinheitlich, was zur weiteren Irritation bei Kindern führt.

Zusammenfassung: Klaus Peter Brinkhoff hat das Thema „Kindheiten in der heutigen Zeit" in seinem Beitrag „Kindsein ist kein Kinderspiel"(in: Mansel, J. 1996, S. 25–39) treffend auf den Punkt gebracht. Dabei bringt er bestimmte Begriffe ins Spiel:

1. Airbag-Kindheit
   Ausgangspunkt: Die meisten Kinder sind heute im Hinblick auf Ernährung und Versorgung, Wohnsituation, Kinderzimmer, Spielzeug, Kleidung, Lebenschancen etc. gut bis außergewöhnlich gut ausgestattet und werden gleichzeitig von einem überwiegend funktionierenden (sozial-)pädagogischen „Airbag-System" auf- und abgefangen.

2. Konsumkindheit
   Ausgangspunkt: Ging es in vergangenen Generationen noch darum, genügend Essen für die ganze Familie zu beschaffen, so steht heute ein „gnadenloser Konsum von industriellen Massenspielgütern" im Vordergrund.

3. Medienkindheit
   Ausgangspunkt: Die materielle Medienausstattung der Kinderzimmer und der Umfang der Mediennutzung ist so hoch wie in keiner Generation zuvor. Kinder werden als Konsumenten wie nie zuvor umworben und beeinflusst.

4. Erste-Reihe-Kindheit
   Ausgangspunkt: Kinder erleben und erfahren in immer jüngerem Alter Geschehnisse – sowohl in ihrem familiären und in ihrer mittelbaren Welt als auch ihrem unmittelbaren Umfeld –, sodass sie von keinem Lebensbereich ausgeschlossen sind. Alle Bereiche wie beispielsweise Kriegshandlungen in der Welt oder Naturkatastrophen kommen per Fernsehbilder ins Elternhaus, die Sexualität wird offen in Printmedien oder durch andere Informationsträger – hier seien vor allem das Handy und das Internet erwähnt – thematisiert und die „weite Welt" wird mit immer jüngerem Alter durch Fernreisen erlebt.

5. Karrierekindheit
   Ausgangspunkt: Sowohl in der familiären als auch der institutionellen Pädagogik steht für viele Erwachsene das Thema „Bildung der Kinder von Anfang an" an erster Stelle, durch die möglichst viele Kinder schon möglichst früh einen „komfortablen Platz im Bildungskarussell" (Brinkhoff) ergattern sollen/müssen.

6. Inselkindheit
   Ausgangspunkt: Die Wohn- und Lebenssituation von Familien findet überwiegend in „vorstrukturierten Sozialräumen"

(Brinkhoff) statt. Freizeiteinrichtungen, Arbeitsstätten der Eltern, Einkaufsparks, Mittelpunktschulen, Spielflächen, Bewegungsräume und aushäusige Erholungsmöglichkeiten sind immer stärker voneinander getrennt; Kinder werden häufig von den Eltern zu Freunden und Verabredungsorten gefahren und kontinuierliche Sozialkontakte sind damit immer stärker eingeschränkt.

7. Entsinnlichte Kindheit
   Ausgangspunkt: Aufgrund der eingeschränkten Handlungsfelder und eingegrenzten Lebensräume greifen Kinder (und Erwachsene) immer häufiger zu einer medial aufbereiteten „Wirklichkeits-Software" (Brinkhoff) und finden somit immer stärker den Weg zu einer „Second-Hand-Erfahrung" (Brinkhoff). Statt dem Rauschen der Bäume zu lauschen gibt es Natur-CDs und statt selbst im Garten oder im Wald eine Baumhütte zu bauen, greifen Kinder zum entsprechenden interaktiven Bauspiel übers Internet.

8. Gefährdete Kindheit
   Ausgangspunkt: Der Preis für die sich ständig weiterentwickelnde Kommerzialisierung, Modernisierung, Technisierung, Industrialisierung und Urbanisierung ist hoch. Gewalt und Aggression unter Kindern und Jugendlichen, die Zunahme der psychosomatischen Beschwerden, der Anstieg an Alkohol-, Tabletten- und Drogenmissbrauch, der hohe Anteil an Fehlernährung bei über- und untergewichtigen Kindern und Jugendlichen, die Unfallhäufigkeiten im Straßenverkehr, die Zunahme der chronischen Krankheiten sowie die versuchten und vollzogenen Selbstmorde legen offen, dass viele Kinder und Jugendliche vermehrt in psychosozialen Spannungssituationen gefangen sind.

9. Multikulturelle Kindheit
   Ausgangssituation: Durch die zurückliegenden Auflösungsprozesse in Osteuropa, die wirtschaftlich motivierten, armutsbegründeten und flüchtlingsbedingten Einwanderungsbewegungen sowie die Grenzöffnungen in Europa hat sich Deutschland zu einem immer ausgeprägteren multikulturellen Staat entwickelt. Damit sind auf der einen Seite wichtige Entwicklungschancen für ein Land entstanden, auf der anderen Seite bringt eine kulturelle Vielfalt auch Risiken mit sich.

10. Individualisierte Kindheit
   Ausgangssituation: Dadurch, dass sich familiäre, kulturelle, religiöse, verwandtschaftsorientierte und soziale Wertmaßstäbe sehr stark durch den Freiheitsgrad der Personen verändert haben, kommt es immer stärker zu einer „Vereinzelung in der Masse Gleicher" (Brinkhoff). Traditionelle Wertorientierungen verlieren zunehmend und in einem immer schnelleren Tempo an Bedeutung für den Einzelnen und die Gesellschaft, sodass es für Kinder, Jugendliche und Erwachsene immer notwendiger wird, einen „neuen, festen Boden unter den Füßen" zu finden, der sowohl eine weitere Persönlichkeitsentwicklung zulässt, als aber auch eine stabile Sozialverträglichkeit mit sich bringt.

11. Ungewisse Kindheit
   Ausgangspunkt: Trotz vieler Entwicklungen im Bereich der Technik oder der Medizin sind Kinder und Jugendliche in der Zukunft mit vielen Problemen konfrontiert. Sei es, wenn es um die Frage einer späteren Berufstätigkeit und einen Arbeitsplatz geht oder ob es sich um die gesamte Entwicklung des Weltklimas und die klimatischen Auswirkungen auf Deutschland handelt, sei es, dass viele soziale Fragen offen sind (Renten-/Pensionsversorgung;

Generationsgerechtigkeit; Ordnung des Gesundheitswesens) oder noch viele international-politische Fragen einer Klärung bedürfen.

Eines wird durch diese Aufzählung von Besonderheiten im Leben vieler Kinder sicherlich besonders deutlich: Kinder brauchen mehr denn je Entwicklungssicherheiten, um eine stabile Identität aufzubauen. Hier helfen zielgerichtete Beobachtungen und ortsspezifische Erkenntnisse, um in Erfahrung zu bringen, *was* Kinder für ihre individuellen Entwicklungsfortschritte brauchen und *welche* pädagogische Grundlagenqualität bzw. bindungsorientierte Beziehung den Kindern hilft, ihre Entwicklungsressourcen immer weiter zu entdecken und in wirksamen Alltagserfahrungen auf- bzw. auszubauen.

Den Kindern wurde – aus der geschichtlichen Betrachtung heraus – eine **eigenständige Lebensphase „Kindheit"** erst relativ spät zuerkannt, wenn man dies unter dem Aspekt einer persönlich positiven Lebensgestaltung und im Hinblick auf eine Zukunft für die Gesellschaft betrachtet. Zwar gab es immer wieder und zu allen Zeiten Personen, die einen mehr oder weniger respektvollen Umgang mit „dem Proletariat auf kleinen Füßen" (Korczak) anmahnten, doch erst im Verlauf des 19. Jahrhunderts setzte sich langsam ein **„Blick für Kinder"** (Ernst Moritz Arndt) durch. Schließlich entwickelte sich im 20. Jahrhundert ein pädagogisches Selbstverständnis, das sich nicht nur auf die Pflege und Betreuung richtete, sondern auch eine Entwicklungsunterstützung und -förderung zum Ziel hatte, wenn auch mit einem unterschiedlichen Verständnis und mit unterschiedlichen „Methoden". Anders ausgedrückt: Kinder wurden zunächst über viele Jahrhunderte als abhängige Objekte betrachtet, die sich willenlos den Vorstellungen der Erwachsenen zu beugen hatten. Erst später entwickelte sich dann ein Bild zum aktiv angepassten Objekt, schließlich zum passiven Subjekt bis hin zum selbstaktiven Subjekt in der heutigen Zeit. Während noch in den 80er-Jahren in den Köpfen vieler Laien und auch Wissenschaftler das Bild vorherrschte, dass der Säugling und das junge Kleinkind eher ein hilflos-passives, mehr von seinen „Trieben" gesteuertes und ausgeliefertes Wesen sei und zu gezielten kognitiven Leistungen bzw. differenzierten Wahrnehmungsaktionen nicht in der Lage ist, so haben in den letzten Jahren viele Untersuchungsergebnisse genau das Gegenteil bewiesen. Schon der Säugling besitzt bereits kurz nach der Geburt **Interaktions-, Kommunikations- und Lernbereitschaften, die durch Interesse und Neugierdeverhalten an seinem unmittelbaren Umfeld** gekennzeichnet sind. Er sucht mit all seinen Sinnen nach Anregungsimpulsen und möchte gleichzeitig einen Einfluss auf die ihn interessierenden Objekte/Abläufe nehmen. Welche Objekte und Abläufe von Interesse sind, können nur durch **aufmerksame, sorgfältige Beobachtungen** ausgemacht werden. Darüber hinaus haben auch Forschungsergebnisse der Neurobiologie gezeigt, dass beispielsweise die Gehirnstrukturen des Menschen mit der Geburt *nicht* genetisch festgelegt, sondern durch Umwelteinflüsse in Bau und Funktion veränderbar sind (Stichwort: neuronale Plastizität). Das heißt, dass das menschliche Gehirn nicht alle bedeutsamen Informationen aus dem unmittelbaren Umfeld wie mit einem Fotoapparat lediglich ablichtet, sondern dass es seine Vernetzungen nach den Aspekten (neu) konstruiert, die erkannt und bestätigt bzw. ergänzt oder neu verknüpft werden. Dadurch, dass persönliche **Erfahrungen, Erlebnisse, Eindrücke und Gefühle wie beispielsweise Sorgen, Freude, Ängste, Hoffnung, Unsicherheit, Entlastung oder Glücksempfinden** ihre Spuren im Substrat des Gehirns hinterlassen, stehen solche psychosozialen Prozesse mit entsprechenden neurobiologischen Vorgängen stets in eine permanenten Austauschprozess.

An dieser Stelle sei auch noch einmal darauf hingewiesen, dass schon zu Beginn der 80er-Jahre der amerikanische Soziologe Neil Postman mit seinem aufsehenerregenden und bis heute bedeutsamen Buch vor dem Verschwinden der Kindheit eindringlich gewarnt hat. Schon 1990 sprach H. Zeiher von einer **„Kindheit, die organisiert und isoliert ist"** (1990, S. 20), Kindheit heute kein Kinderspiel mehr sei und dass der Alltag vieler Kinder ein **„Leben in Bedingungen“** darstellt (S. 23). Während der Hildesheimer Pädagoge Ernst Cloer von einem **„Kinderalltag im Zeittakt industrieller Fertigung“** spricht, beklagt der Würzburger Pädagoge Günther Bittner eine **„Durchrationalisierung des Kinderlebens nach Schichtdienst und Stundenplan** – eine ökonomische Zeitplanung bis in die Kinderstube hinein“. So scheint es selbst in der Vorstellung der Erwachsenenwelt kaum vorstellbar, was passieren würde, wenn Kinder fein gekleidete Damen oder Herren mit Holunderbeeren bewerfen oder Mutproben unter Beweis stellen würden, indem sie Regenwürmer verspeisen. Kinder und Jugendliche, die sich zusammenfinden und eine feste Gruppe bilden, geraten schnell in den Verdacht, einer „Bande“ anzugehören, von der eine Gefahr für andere ausgehen könnte, und Kinder, die sich schließlich den hohen und ständigen Erwartungen von Erwachsenen entziehen würden, bekämen schnell das Prädikat eines „bildungsunwilligen“ Kindes.

Die ehemalige Präsidentin des Deutschen Bundestages, Prof. Dr. Rita Süßmuth, hat in einem Zeitschriftenaufsatz schon vor mehr als 20 Jahren (in: Kinderzeit 1988/89) drei Begriffe in die öffentliche Diskussion gebracht, die die bisherigen Ausführungen zusammenfassend bündeln. Ihre Betrachtungen von Kindheiten in einem so hoch industrialisierten Land wie Deutschland beschreiben das Kinderleben als eine weitestgehend **verplante und verpädagogisierte Zeit, die** Kinderzeiten als eine in viele Zeitsegmente **aufgeteilte** und aus ganzheitlichen Zusammenhängen **zerrissene Angelegenheit** sowie die Kinderwelten als eine **eingeengte und immer künstlicher gestaltete und eingegrenzte Erfahrungsvielfalt.** Kommt es nun zu einer zusätzlichen Berücksichtigung des weiteren Zeitverlaufs zwischen den wiedergegebenen Aussagen vom Jahreswechsel 1988/89 und dem heutigen Zeitpunkt, so muss und kann von einer deutlichen Verschärfung des Problems ausgegangen werden. Wenn Prof. Dr. Süßmuth schon damals von einem zunehmendem **„Verlust**

an Erfahrungen" (S. 7), **„arrangierten Erfahrungsräumen"**, einer **„Vereinzelung der Kinder"** und **„Erfahrungsarmut"** sowie **„kaum vorhandenen Spielräumen"** (S. 8) spricht und ihre Hauptaussage darin endet, dass sie die These vertritt, „eine Gesellschaft, die ihre Kinder nicht versteht und schätzt, wird sie in Zukunft verlieren" (S. 9), dann ist nachvollziehbar, wie schwierig es für Kinder und Jugendliche ist und in naher Zukunft immer schwieriger werden wird, eine weitestgehend unbeschwerte Kindheit zu erleben, Identität zu entwickeln und Selbst-, Sach- sowie Sozialkompetenzen auf- und auszubauen.

Wenn zudem in vielen Familien das sogenannte **„Vier-Zwei-Eins-Schema"** (G. Hamann, 2004, S. 19) zum Tragen kommt, was so viel bedeutet, dass es vier Großelternteile gibt, zwei Elternteile da sind und alle ihre gesamte Konzentration auf ein Kind ausrichten, dann wird deutlich, in welch starkem Mittelpunkt sich das betreffende Kind befindet. Nicht nur dadurch, dass Eltern auf „ihr" Kind stolz sein wollen und oftmals ihre eigenen Wünsche und besonderen Vorstellungen auf das Kind übertragen, sondern auch dadurch, dass diese Kinder häufig in einem **materiellen Schlaraffenland** leben. Hamann schreibt im Vorwort seines ZEIT-Artikels: **„Kinder leben in einer mit Marken vollgestopften Welt – und der Überfluss nimmt zu."** (S. 19). Im weiteren Verlauf seines Beitrags heißt es: „Weil die Zahl der Konsumenten wegen der demographischen Entwicklung schrumpft wie nie zuvor, ist es für alle Unternehmen eine Frage des Überlebens, weniger Kindern mehr zu verkaufen. [...] Also geben sie Milliarden Euro aus, um sich im kindlichen Bewusstsein festzusetzen. [...] SMS-Werbung, Schulsponsoring, Internet-Kampagnen: Werbetreibende besetzen mit immer neuen Methoden auch das letzte Fleckchen kindlicher und jugendlicher Lebenswelt. Sie wollen präsent sein. Anlocken. Abverkaufen. [...] Auf bis zu eine Milliarde Dollar schätzen Marktforscher von Forrester diesen Werbemarkt in den kommenden zwei Jahren." (S. 19). So zahlte beispielsweise ein Chip-Konzern mehr als zwei Millionen Dollar für die Platzierung seines Logos in einem Online-Spiel. Diese Vorgehensweise entspricht schon der in den Anfängen des gezielten Marketings geäußerten Strategie: Es „braucht seine Zeit, aber wenn Sie auf Dauer im Geschäft bleiben wollen, dann bedenken Sie, was es für Ihre Firma für einen Gewinn bedeuten kann, wenn Sie millionenfach Kinder abrichten können, aus denen Erwachsene werden, gedrillt, ihr Produkt kaufen, wie Soldaten gedrillt sind, sich in Bewegung zu setzen, wenn sie die Kommandoworte ‚Vorwärts, marsch' hören" (Clyde R. Miller, 1946). Und so begaben und begeben sich noch heute Marktforscher und Marktanalysten, **„um Kinderseele, Psyche und Befindlichkeit auszuspähen"** (Hamann, S. 19). Die Frage, wie es möglich sein wird, diesen vielfältigen Tendenzen von **zerstörten bzw. verstörten Kindheiten** professionell und kompetent entgegenzuwirken, ist nur durch einen konsequenten Perspektivwechsel zu beantworten, damit in Kenntnis dieser pädagogischen und sozialen Wirklichkeit neue Handlungsstrategien zum Tragen kommen (können).

Konsequenzen für eine gegenwartsorientierte Pädagogik

- Es ist notwendig, verstärkt dafür zu sorgen, dass Kinder auch Kinder sein dürfen.
- Eine verantwortungsvolle Pädagogik und Psychologie hat sich der spezifischen Altersstufe der Kinder zuzuwenden und darf nicht darauf ausgerichtet sein, die Gegenwart von Kindern einer Zukunft zu opfern.
- Die Vorstellung von einem möglichst *frühzeitig perfekten Kind* ist aufzugeben, weil Kindheiten darauf aufbauen, dass Kinder Fehler machen dürfen/müssen/sollen, um eigene Handlungsstrategien kennenzulernen und aus Fehlern bzw.

handlungsorientierten Umwegen neue handlungsleitende Konsequenzen zu ziehen.

- Kinder brauchen Vorbilder, die ihnen helfen, sich in ihren Handlungsmöglichkeiten orientieren zu können.
- Kinder brauchen – statt einer verstärkten Konsumausrichtung – Seelenproviant, gemeint ist eine Sättigung seelisch-sozialer Grundbedürfnisse, der ihnen hilft, ein stabiles Persönlichkeitsfundament auf- und auszubauen.
- Kinder sind auf Erwachsene angewiesen, die immer wieder die Aufgabe an sich selbst stellen, Kinder in ihren vielfältigen Ausdrucksformen zu verstehen.
- Kinder brauchen vor allem das Gefühl von Sicherheit, um neue Handlungsschritte zu entdecken, Handlungsperspektiven zu entwickeln und alternative Handlungsmöglichkeiten zu internalisieren.
- Kinder brauchen feste Bindungen und zuverlässige Beziehungen, um sich auch bei persönlichkeitsorientierten Rückschritten mit Zuversicht und Engagement den täglichen Herausforderungen und Notwendigkeiten zu stellen.
- Kinder brauchen keine künstlich arrangierten Lebenswelten, sondern umfassende und umfangreiche Handlungs(spiel)räume, in denen sie reale, fassbare, Erfahrungen machen können.
- Kinder brauchen zur Wahrnehmung, Festigung und Verarbeitung ihrer Erfahrungen, Erlebnisse und Eindrücke ausreichend Zeit, um Sinnzusammenhänge zwischen ihren Handlungsschritten und deren Konsequenzen zu verstehen.
- Kinder sind auf ein stabiles Selbstbewusstsein angewiesen, um mit zunehmendem Alter selbstständig, handlungsaktiv,

anstrengungsbereit und lernfreudig alltägliche Aufgaben einer verantwortungsvollen Lebensgestaltung auf sich zu nehmen.

- Kinder brauchen Erwachsene, die mit Optimismus, Lebensfreude und Einsatzbereitschaft an einer Welt mitarbeiten, die sich für eine Wiederherstellung bzw. Bewahrung des „eigenständigen Zeitraumes KINDHEITEN" **aktiv und engagiert, überzeugt und identisch** einsetzen. Prüfen Sie selbst einmal, mit wie viel **Engagement, Innovationsfreude, Mut, Anstrengungsbereitschaft, Lebensbejahung, innerer Zufriedenheit, Arbeitsfreude, Lebendigkeit und innerer Anteilnahme am Leben der Kinder** Sie an der Wiederherstellung bzw. Aufrechterhaltung einer solchen lebenswerten Welt aktiv beteiligt sind.

Literatur

Aden-Grossmann, W. (2010): Kindheit. In: Pousset, R. (Hrsg.). Handwörterbuch für Erzieherinnen und Erzieher. Berlin: Cornelsen Scriptor

Betz, T. (2008): Ungleiche Kindheiten. Weinheim: Juventa

Bundesministerium für Familie, Senioren, Frauen und Jugend (Hrsg.) (2009): 13. Kinder- und Jugendbericht. Köln: Bundesanzeiger Verlagsgesellschaft

DJI – Deutsches Jugendinstitut (Hrsg.) (2009): Konsum und Umwelt im Jugendalter. München

Ellneby, Y. (2001): Kinder unter Stress. München: Beust

Feil, Ch. (2003): Kinder, Geld und Konsum. Die Kommerzialisierung der Kindheit. Weinheim: Beltz

Göppel, R. (2007): Aufwachsen heute: Veränderungen der Kindheit – Probleme des Jugendalters. Stuttgart: Kohlhammer

Hamann, G. (2004): Habe alles, bekomme mehr. In: Die ZEIT, Nr. 22, 19. 5. 2004

Hurrelmann, K. (2009): Lebensphase Jugend. 9. Aufl., Weinheim: Juventa

Konrad, F.-M. + Schultheis, K. (2008): Kindheit. Stuttgart: Kohlhammer

Krenz, A. (2009): Psychologie für Erzieherinnen und Erzieher. Berlin 2. Druck: Cornelsen Scriptor

Krenz, A. (2010): Was Kinder brauchen. Berlin (7. Aufl.): Cornelsen Scriptor

Kullmann, K. (2009): Kinder der Angst. In: Der Spiegel, Heft 32 (S. 38–48)

Mansel, J. (Hrsg.) (1996): Glückliche Kindheit – Schwierige Zeit? Über die veränderten Bedingungen des Aufwachsens. Opladen: Leske + Budrich

Rittelmeyer, Chr. (2007): Kindheit in Bedrängnis. Stuttgart: Kohlhammer

Miller, Clyde R. (1946): The Process of Persuation. Crown Publishers (Random House)

Süssmuth, R. (1988/89): Kinderleben, Kinderzeiten, Kinderwelten. In: Kinderzeit, Heft 1 (S. 7–9)

Zeiher, H. (1990): Kindheit – organisiert und isoliert. In: Psychologie heute, Februar (S. 20–25)

„Vorschulpädagogik" – *das* Unwort des Jahres in der Elementarpädagogik

Einleitung

Ausgangsthese: Eine „Vorschulpädagogik" gibt es nicht!

Der „heimliche" Abschied von einer eigenständigen Elementarpädagogik.

Kinder werden im letzten Kindergartenjahr wieder zunehmend als **„Vorschüler/Vorschulkinder"** bezeichnet und darüber hinaus ist vor allem das letzte Kindergartenjahr durch eine gezielte **„Vorschularbeit"** geprägt. Außerdem tragen Kindergärten schon seit fast 40 Jahren (im Volksmund) den Namen **„Vorschuleinrichtung"** und es zeichnet sich eine zunehmende Tendenz ab, dass eine **„Vorschulpädagogik"** den Begriff der „Kita-Arbeit" gänzlich ablöst. Leise und nahezu unbemerkt werden auf diese Weise die Wörter „Kindergarten" bzw. „Elementarpädagogik" ins Abseits gedrängt. Diese Tatsache ist allerdings weitaus bedeutsamer, als es auf den ersten Blick erscheint!

> *„Man will Sicherheiten und keine Zweifel, man will Resultate und keine Experimente, ohne darauf zu achten, dass nur durch Zweifel Sicherheiten und nur durch Experimente Resultate entstehen können."*
>
> ***Carl Gustav Jung***

Gedankliche Wortspiele

Was ist – so werden sich vielleicht manche elementarpädagogischen Fachkräfte fragen – zunächst so ungewöhnlich an dem Wort „Vorschulpädagogik"? Dieses Wort beschreibt eine zeitliche Besonderheit. Hier wird ein Zukunftsbegriff einer Bildungseinrichtung (Schule) auf den Personenkreis der Kinder übertragen, die sich in ihrer aktuellen Gegenwart in einer Vorgängereinrichtung (Kindergarten) befinden. Schon dieser Umstand ist einmalig! Oder kennen Sie den Begriff der **„Vorgymnasiasten“** (für Viertklässler), der **„Vorkrankenhäusler“** (für Menschen, die im häuslichen Umfeld krank werden), der **„Voraltenheimbesucher“** (älterer Menschen, die noch im eigenen Zuhause wohnen), der **„Vorführerscheinbesitzer“** (der 17-jährigen Jugendlichen), der **„Vorstudenten“** (Schüler/-innen in der 12. bzw. 13. Klasse), der **„Vormütter“** (gemeint sind Frauen in der Schwangerschaftszeit) oder der **„Vorarbeitslosen“** (Arbeitnehmer/-innen in unsicheren Arbeitsverhältnissen)? Die Wortkombination mit der Vorsilbe „vor“ meint und impliziert zugleich eine unausweichliche Blickrichtung in die Zukunft auf ein zielorientiertes Objekt. So wie eine Larve zur „fertigen Fliege“ bzw. eine Kaulquappe zum Frosch wird. Es ist eine Vorstufe für etwas Neues, ein Vorstadium für etwas „Fertiges“.

> *Lernen heißt: Alte Erfahrungen neu durchdenken.*
>
> ***Willy Möbius***

„Vorschulpädagogik“ – ein Widerspruch zur elementarpädagogischen Ausgangssituation

Warum ist der Begriff „Vorschulpädagogik“ sowohl unter juristischer als auch unter entwicklungspsychologischer/pädagogischer Betrachtung unbrauchbar, unzutreffend, unbegründet und damit schlichtweg in seiner Benutzung rechtswidrig und falsch? Erstens wird den Kindertagesstätten sowohl im „Kinder- und Jugendhilfegesetz“ (KJHG) als auch in allen(!) 16 Kindertagesstättengesetzen ein **eigener bzw. eigenständiger** Bildungs-, Betreuungs- und Erziehungsauftrag zugewiesen. Eigenständig bedeutet nichts anderes als ein „autonomer Zustand“, der im Sinne einer Unabhängigkeit von anderen (Bildungs-)Einrichtungen ein **eigenes Profil** besitzt. Wohlgemerkt: nicht enthalten oder entwickeln soll, sondern per Grundverständnis schon jetzt in Anspruch nimmt bzw. zu nehmen hat. Zweitens: In nahezu allen „Bildungsrichtlinien/-verordnungen" wird von einem **„eigenen Bildungsverständnis** der Elementarpädagogik" ausgegangen mit der Zielsetzung, dass „Selbstbildung" in Kindern initiiert werden soll. Damit ist gemeint, dass Kinder das Lernen lernen (im Unterschied zum fertigkeitsgeschulten Lernen). Drittens: Die vielfältigen Ergebnisse der Entwicklungspsychologie legen unmissverständlich dar, dass Kinder im Kindergartenalter **andere Lernmöglichkeiten und -mechanismen** in sich tragen als Kinder im Schulalter und daher andere Zielsetzungen verfolgt werden müssen als in der Schulpädagogik. Viertens: Das Berufsbild der Erzieher/-innen verlangt u. a. eine Bündnispartnerschaft mit Kindern und **ihren** aktuellen, **gegenwärtigen Entwicklungsschwerpunkten** – keine zukunftsorientierte Funktionspädagogik. Fünftens: Die aussagekräftigen Forschungsergebnisse der Neurobiologie legen überaus deutlich zu Tage, dass Kinder im Kindergartenalter in ihrer derzeitigen Entwicklungszeit **andere „Lern- und Entwicklungsaufgaben"** zu bewältigen haben als Schulkinder. Sechstens: Entwicklungspädagogische Forschungsergebnisse weisen u. a. auf die Notwendigkeit hin, dass das **„Spielen als Lernfeld"** mit einem Aufbau einer späteren Schulfähigkeit unweigerlich verbunden ist und eine kompetente, emotional-soziale Persönlichkeit des Kindes die Grundlage für eine selbstständige Identität bildet. Siebtens: Die Bildungsforschung unterscheidet eine „Bildung aus erster und eine Bildung aus zweiter Hand" und weist daher der Elementarpädagogik **andere Bildungsschwerpunkte** zu als der Primarpädagogik (vgl.: Amsterdamer Vertrag, 2002/Agenda 2010). Die Frage bleibt, wie sich diese objektiv bestehenden Grundlagen auf die für Kinder erlebbare Elementarpädagogik auswirken.

> *„Jedes Kind hat das Recht zu lernen, zu spielen, zu lachen, zu träumen, zu lieben, anderer Ansicht zu sein, vorwärtszukommen und sich zu verwirklichen."*
>
> ***Hall-Dennis-Report***

Kindheit ist verplant, zerrissen, eingeengt und isoliert

Seit über einem Vierteljahrhundert weisen vielfältigste Publikationen und unterschiedliche Wissenschaftler/-innen kontinuierlich auf ein zunehmend stärker werdendes Phänomen hin: **das Verschwinden der Kindheiten!** So haben Aries (Geschichte der Kindheit, München 1975) und De Mause (Hört ihr die Kinder weinen, Frankfurt 1977), Bleuel (Kinder – und die Welt, in der sie leben, Braunschweig 1981), Neumann (Kindsein – Zur Lebenssituation von Kindern in modernen Gesellschaften, Göttingen 1981) und Geulen (Kindheit – neue Realitäten und Aspekte, 1989), Elkind (Das gehetzte Kind, Hamburg 1991), Deutsches Jugendinstitut (Was für Kinder – Aufwachsen in Deutschland, München 1993), Mansel (Glückliche Kindheit – Schwierige Zeit, Opladen 1996), Rolff & Zimmermann (Kindheit im Wandel, Weinheim 1997), Honig (Entwurf einer Theorie der Kindheit, Frankfurt 1999) und Ellneby (Kinder unter Stress, München 2001), der „Kinderreport Deutschland" (2002), Rittelmeyer (Kindheit in Bedrängnis, Stuttgart 2007) und Konrad/Schultheis (Kindheit, Stuttgart 2008) neben vielen anderen Autoren Biografien und Lebensbedingungen von Kindern beschrieben, **wie** die Lebenswirklichkeiten der meisten Kinder aussehen und **was** sie für eine förderliche Entwicklung brauchen. Viele Entwicklungspsychologen sprechen immer häufiger von der permanenten Zunahme einer **„inneren Heimatlosigkeit"** vieler Kinder.

> *Kindererziehung ist ein Beruf, wo man verstehen muss, Zeit zu verlieren, um Zeit zu gewinnen.*
>
> ***Jean-Jacques Rousseau***

Kindheiten vollziehen sich unter funktionalisierten Bedingungen

Kinderwelten werden durch die Art der Tagesgestaltung massiv eingeengt, viele Kinderzeiten sind von morgens bis abends **verplant** und **durchstrukturiert,** viele Perspektiven sind von Erwachsenen für Kinder auf das ferne Ziel „Zukunft" hin **programmiert** und damit für Kinder **sinnzusammenhanglos,** weil sie ihre Gegenwart erleben und selbst bestimmt erfahren wollen. Vielleicht trifft in diesem Zusammenhang der Text von Peter Maffay exakt zu, wenn in „Tabaluga" der Text gesungen wird: „Ich wollte nie erwachsen sein, hab' immer mich zur Wehr gesetzt, von außen wurd' ich hart wie Stein und doch hat man mich oft verletzt. Irgendwo tief in mir bin ich ein Kind geblieben. Erst dann, wenn ich's nicht mehr spüren kann, weiß ich, es ist für mich zu spät." Es ist daher nicht überraschend, wenn Erziehungswissenschaftler, Bindungs- und Bildungsforscher folgende Aussagen immer häufiger treffen: **„Kindheit ist organisiert und isoliert"**, „Kinder sind im Dauer-Stress", die „Vertreibung von Kindheiten geschieht immer massiver" und das **„Ende der Kindheit"** ist schon lange eingeläutet.

> *„Zu früh, zu ausschließlich lehrt man Kinder, was sie hören, sehen, fühlen und denken dürfen. Was würden sie später doch alles können, hätten sie nicht so früh so viel gelernt."*
>
> ***Hans-Herbert Dreiske***

Der „Bildungswahn" zeigt sich in vorschulpädagogischen Belehrungsprojekten (= Belehrungseinheiten)

In frühpädagogischen Einrichtungen scheint es ein besonderes „Qualitätsmerkmal" zu sein, möglichst viel mit Kindern zu „lernen", um Eltern zu verdeutlichen, dass **Quantität ein „Qualitätshinweis"** zu sein scheint. Und selbst die Aufregung durch die drei PISA-Studien sowie die entsprechenden Nachuntersuchungen brachten es an manchen Orten mit sich, dass nun wieder alte **Vorschulblätter** hervorgezaubert werden bzw. neue **„Lernprogramme" am Tisch** umgesetzt werden, statt gemeinsam draußen zu spielen. Ein **frühes Leselernen** rückte (wie in den 70er-Jahren des letzten Jahrhunderts) in den Fokus, statt lebendige Abzähl- und Reimspiele gemeinsam zu erleben. **Sprachtrainings** werden als besonders wertvolle Übungseinheiten eingesetzt, statt eine aktive, lebendige Sprachkultur zu pflegen, und **frühe Legasthenie-Voruntersuchungen** führen dazu, besondere **grafomotorische Trainingseinheiten** zu initiieren, statt auf Bäume zu klettern, Hüpf- und Versteckspiele zur Freude aller zu gestalten. Daneben gibt es **Suchtprophylaxe-Programme** für Kinder, um sie entsprechend „stark" zu machen, **Anti-Gewalt-Trainings** zur Verbesserung der Kommunikationsfähigkeit, anstatt eine sozial-empathische Atmosphäre im Alltag(!) der Einrichtung zu kultivieren. Regelmäßige naturwissenschaftliche „Experimente" werden den Kindern – **ohne einen Alltags- und Lebensbezug** – nahegebracht und tagesorientierte Waldtage bringen Kinder nach draußen, um bestimmte Naturvorgänge exemplarisch zu begreifen und weniger die Wunder der Natur mit allen Sinnen zu jeder Tages- und Jahreszeit wahrzunehmen. Zunehmend fällt auf, dass sogenannte ADS- und ADHS-Kinder immer mehr Probleme machen und anscheinend(!) einer „gezielten Therapie" bedürfen – ohne dass sich Erwachsene der Mühe unterziehen, die von Kindern gezeigten Verhaltensweisen zu beschreiben und auf eine gleichzeitig vorschnelle Nutzung von medizinisch geprägten Etikettierungen zu verzichten. Und nicht zuletzt werden unterschiedlichste **Curricula** entwickelt, die im Sinne einer **„Bildungsoffensive"** in der PRAXIS **„abgearbeitet"** werden und unmerklich die frühpädagogischen Einrichtungen in eine **funktionalisierte Vorschulinstitution** verwandeln. Spielmittel und diverse Spielzeugarten werden zunehmend **zu Lerngeräten funktionalisiert,** anstatt das Spiel in seinem grundsätzlichen Ausdruckswert zu verstehen/zu genießen, und Außenräume entwickeln sich mancherorts zu gefahrlosen (und völlig langweiligen) Orten, die zwar keine Herausforderung mehr für Kinder bieten, dafür aber vom TÜV/GUV ein Sicherheitssiegel erhalten.

(Hinter-)Gründe für diese Entwicklung

Die Suche nach den möglichen Hintergründen für diese massive und rasante „Vorschulentwicklung" der letzten Jahre (im Sinne einer Wiederholung der vorgezogenen Schulpädagogik der 70er-Jahre des letzten Jahrhunderts mit ihren vorgelegten Ergebnissen einer Wirkungslosigkeit) ergibt folgende Antworten:

1. Die unterschiedlichen Bildungsrichtlinien/Orientierungspläne mit ihren spezifizierten „Bildungsbereichen" verleiten zu einer Sichtweise, die Einzelbereiche als einen **„Fächerkanon"** (= Lehrplan) zu verstehen. Diese Sichtweise wird weder durch wohlklingende Richtlinieneinführungsworte noch durch die in diesem Zusammenhang genutzte inhaltsleere Aufforderung der „ganzheitlichen Bildung" aufgelöst.
2. Dadurch, dass die Elementarpädagogik **nie eine eigenständige Wissenschaftsdisziplin** war, konnte bzw. kann sie sich nur schwer in einer autonomen Eigenständigkeit – in einer deutlichen Abgrenzung von der Schulpädagogik – entwickeln.
3. Die Elementarpädagogik hat sich stets wie eine **Hilfswissenschaft** verhalten und die meisten Fachkräfte haben ihr **eigenständiges Profil** weder nach innen gelebt noch nach außen offensiv bzw. fachkompetent vertreten. Weder auf einer sozial-/berufspolitischen noch auf der politischen Ebene.
4. So wie es sich in der aktuellen Situation besonders deutlich zeigt, hat sich die Elementarpädagogik **immer wieder viel zu unreflektiert neuen Trends** gegenüber geöffnet und **vorschnell angepasst.**

5. Erzieher/-innen selbst orientieren sich überwiegend gern an **„Richtlinien", an „handfesten" Plänen,** um „Produkte" zu dokumentieren. Doch dabei wird völlig außer Acht gelassen, dass Bildungspädagogik immer nur **Prozessergebnisse** hervorbringen kann. **Das Berufsfeld der Elementarpädagogik braucht engagierte, kluge, kreative, mutige, perspektivisch denkende und autonome Persönlichkeiten, die „ihre eigene Pädagogik" kreieren: ausgerichtet auf die Kinder und ihre Familien vor Ort, individuell konzipiert und ausgestattet mit guten finanziellen/strukturell förderlichen Ressourcen.**
6. Bis heute geschieht in vielen Fachschulausbildungen nichts wirklich(!) anderes als noch vor 25 Jahren: die Vermittlung eines Berufsverständnisses, das eine **Bildung aus 2. Hand** (Prof. Dr. Gerd Schäfer) zur Grundlage erklärt. Solange eine Fach(hoch)schulausbildung weder persönlichkeitsfördernd (statt belehrend) noch emanzipatorisch strukturiert bzw. partizipierend durchgeführt wird, solange können sich weder neue Sichtweisen noch Haltungen, Weltbilder oder Grundsätze entwickeln.
7. Wenn bis heute weder von vielen Landes- und Bundespolitikern noch von bestimmten berufspolitischen Mandatsträgern (bis hin zu vielen Erzieher/-innen) fundierte, abgesicherte **Forschungsergebnisse** aus dem Feld der Bindungsforschung, Bildungs-/Erziehungswissenschaft und der Neurobiologie zur Kenntnis genommen werden, darüber **was** eine **nachhaltige Bildung (im Unterschied zu einer „Vorschulpädagogik")** bedeutet und **wie** sie sich entwickelt, dann offenbart sich ein Zustand der Ignoranz und Dummheit. Dies hat dramatische Folgen für Kinder und ihre Entwicklung.

> *„Eine Annäherung an die Welt des Kindes erfordert Empathie, die Wertschätzung der Wahrnehmung und Gefühle der Kinder und ein Interesse daran, die Sicht der Kinder auf ihre Welt zu verstehen."*
>
> ***Friederike Heinzel***

Was ist zu tun?

Es ist **im Interesse der Kinder** und ihrer Entwicklung dringend erforderlich, dass es in der Elementarpädagogik zu einem **radikalen Perspektivwechsel** kommt. Dazu bedarf es zunehmend mehr Fachkräfte, die

- sich engagiert und mutig gegen eine weitere „Vertreibung der Kindheiten" stellen;
- den „Entwicklungszeitraum Kindheiten" aus entwicklungspsychologischer, soziologischer und bildungswissenschaftlicher Sicht betrachten und dabei dogmatische, persönlich geprägte Absichten und Einstellungen zugunsten einer Wissenschaftsorientierung aufgeben;
- sich von unreflektierten Außenerwartungen (aus Sicht der Eltern, der Politik, Ausbildungsstätten, Fachberater/-innen, Träger) abgrenzen können und stattdessen fundierte Fachkompetenzen als Alternativen zur „Vorschulpädagogik" auf den Tisch bringen;
- vom Wert des „spielenden Lernens in Projekten" im Sinne eines „concomitant learnings" (= eines Nebenbei-Lernens in sinnverbundenen, erlebten Alltagssituationen) überzeugt sind;
- sich mit aktuellen Forschungsergebnissen aus der Bindungs-/Bildungswissenschaft sowie der Neurobiologie

auseinandersetzen und die Ergebnisse auf ihre elementarpädagogische Praxis übertragen;

- sich selbst mit ihrer Persönlichkeit als wichtigstes „methodisch-didaktisches Mittel" begreifen und damit der Fülle der „didaktisch geprägten Methoden" eine ebenso fachlich begründete wie persönlich identische Abfuhr erteilen;
- die Kinder mit ihren aktuellen Stärken erleben und in ihnen keine defizitären Lernobjekte, sondern entwicklungsfreudige Subjekte erkennen.

> ***Zeitreise***
>
> *Nimm ein Kind an die Hand und lass dich von ihm führen. Betrachte die Steine, die es aufhebt, und höre zu, was es dir erzählt. Zur Belohnung zeigt es dir eine Welt, die du längst vergessen hast.*
>
> ***unbekannter Verfasser***

Literatur

Altner, Nils (2009): Achtsam mit Kindern leben. Wie wir uns die Freude am Lernen erhalten. München: Kösel Verlag

Bergmann, Wolfgang (2011): Lasst eure Kinder in Ruhe! Gegen den Förderwahn in der Erziehung. München: Kösel Verlag

Gebauer, Karl (2007): Klug wird niemand von allein. Kinder fördern durch Liebe. Düsseldorf: Patmos Verlag

Jackel, Birgit (2008): Lernen, wie das Gehirn es mag. Kirchzarten: VAK Verlags GmbH

Krenz, Armin (2007): Was Kinder brauchen. Aktive Entwicklungsbegleitung im Kindergarten (5. Aufl.). Mannheim: Cornelsen Scriptor

Krenz, Armin (2008): Kinder brauchen Seelenproviant. München: Kösel Verlag

Lee, Jeffrey (2005): Abenteuer für eine echte Kindheit. München: Piper Verlag

Lilienfeld, Scott O. et al. (2011): Warum Mozart Babys nicht schlauer macht. 25 populäre Irrtümer der Psychologie. Darmstadt: Primus Verlag by WBG, Wissenschaftliche Buchgesellschaft

Lill, Gerlinde (2007): Begriffe versenken. Sinn und Unsinn pädagogischer Gewohnheitswörter. Weimar/Berlin: Verlag das netz

Lindgren, Astrid (2006): Das entschwundene Land (7. Aufl.). München: Deutscher Taschenbuch Verlag

Renz-Polster, Herbert (2012): Menschenkinder. Plädoyer für eine artgerechte Erziehung (4. Aufl.). München: Kösel Verlag

Renz-Polster, Herbert + Hüther, Gerald (2013): Wie Kinder heute wachsen. Natur als Entwicklungsraum. Ein neuer Blick auf das kindliche Lernen, Fühlen und Denken. Weinheim: Beltz Verlag

Textor, Martin R. (2012): Zukunftsorientierte Pädagogik: Erziehen und Bilden für die Welt von morgen. Norderstedt: Books on Demand GmbH

Sprache als lebendiges und integriertes Alltagserlebnis für Kinder und Erwachsene

Sprache kann **Selbstbildungswelten** im Menschen öffnen oder verschließen und wirkt (unbemerkt) und ständig entwicklungsförderlich oder entwicklungshinderlich auf Kinder. Im Sinne eines entwicklungsförderlichen Prozesses stellt das Kind durch Erlebnisse in den ersten Lebensjahren, mit anderen „im Dialog zu sein" (Reimann, 2009, S. 7), einen Bezug zwischen sich und der Welt her, vergewissert sich seiner individuellen Identität und ordnet sich seinem Umfeld zu. Auf der anderen Seite muss festgehalten werden, dass beispielsweise „bei einer Sprachentwicklungsstörung auch Störungen auf der kommunikativ-pragmatischen Ebene bestehen. Eine Störung auf dieser Ebene äußert sich in der verminderten Fähigkeit, Gedanken, Gefühle und Erlebnisse in einer nachvollziehbaren Art und Weise sprachlich zu äußern" (Bunse/Hoffschildt, 2008, S. 119). Doch allzu sehr wird derzeitig in der deutschen (Elementar-)Pädagogik die Sprache als ein **funktionalisiertes Methodenkompendium** betrachtet – dies belegen die ungezählten „Sprachtrainings- bzw. Sprachförderprogramme". So zum Beispiel „Delfin 4 Sprachförderorientierungen" (L. Fried, E. Briedigkeit + R. Schunder), „Da sind wir – Sprachförderung für Kinder ab 2 Jahre" (J. Burger-Gartner/A. Papilon-Piller + B. Reinhart), „Wuppis Abenteuer-Reise. Ein motivierendes Trainingsprogramm zur Förderung der phonologischen Bewusstheit in Verbindung mit Literacy und Textverständnis" (Ch. Christiansen), „BLISS – als Brücke zur alphabetischen Schrift" (Projekt der Deutschen Forschungsgemeinschaft, DFG), „SSL – Spielend Sprache Lernen" vgl. www.kreativhaus-tpz.de), „Spiki – Sprachförderung in Kindertagesstätten" (vgl. www.bff-nbg.de/fbk_spiki.html), „Sprachförderung mit System – Spiele und Übungen für alle Förderbereiche" (S. Aellig + E. Alt), „Sprachförderung für 3- bis 7-Jährige" (U. Oezogùl), „Kleinkinder ergreifen das Wort. Sprachförderung mit Kindern von 0 bis 4 Jahren" (A. Winner), „Das Ravensburger Projekt zur Sprachförderung im Vorschulalter"

(F. Coninx + A. Stumpf), „Piff, paff, puff. Trainingsprogramm zur phonologischen Bewusstheit und zur Buchstaben-Laut-Verknüpfung. Würzburger Trainingsprogramm zur Vorbereitung auf den Erwerb von Schriftsprache" (P. Küspert et al.), „Hören, lauschen, lernen. Sprachspiele für Kinder im Vorschulalter" (P. Küspert + Schneider, W.), „Frühe Sprachförderung – Schulungsskript zur Anwendung des Programms." (Penner, Z.), zu guter Letzt stellen A. Arslanoglu, H. Engin, R. Leue und S. Walter ihren „Sprachförderkoffer für Kindertagesstätten" sowie ihre „Sprachförderkiste" zur Verfügung. Weiterhin sei auf zwei besonders stark vertretene „Computersprachlernspiele" hingewiesen: „Janosch Vorschule 2 – deutsch: Förderung der sprachlichen Fähigkeiten von Vorschulkindern" und „Schlaumäuse – Kinder entdecken Sprache". Diese werden immer häufiger **isoliert von realen Kinderwelten** und alltagsbedeutsamen Kindheitserlebnissen abgetrennt sowie zunehmend von vernetzten Entwicklungsbereichen als belehrende, von Erwachsenen gesteuerte „Sprachprogramme" angewandt. Ganzheitlich orientierte Pädagogen, Sprach- und Erziehungswissenschaftler/-innen, humanistisch orientierte Entwicklungspsychologen sowie Neurobiologen **schlagen deshalb Alarm:** „Bei einem Konzept, welches die ganzheitliche Entwicklung des Kindes in den Vordergrund stelle, werden derartige Förderprogramme keinen Platz haben, denn Lern- und Frühförderprogramme zielen auf ein separiertes Training von Fertigkeiten. [...] Das Kind lernt keine Sprache, es entdeckt sie als ein in ihm schon vorhandenes latentes Wissen. „Dieses Entdecken erfordert keine besondere Intelligenz oder gar soziale Förderung" (Rauschenbach, P., 2010, S. 11 f.). Sprache ist demgegenüber ein lebendiger, für Kinder und Erwachsene **interessanter Kommunikationsdialog,** der im Alltag erlebt, gepflegt und genutzt werden soll und erlebt werden will, um der Sprache und dem eigenen Sprechen einen basalen Bedeutungswert zu geben. Anders ist auch der Begriff „ganzheitliche Sprachbildung" fachwissenschaftlich nicht zu verstehen (vgl. Textor, M.R., 2008, S. 40 ff.).

Sprache ist gelebte Kommunikation im Alltag

Die Sprache ist weitaus mehr als eine bloße Bündelung von gesprochenen und zumeist zusammenhängenden Worten. Sie ist ein lebendiger, lebensnotwendiger, der menschlichen Existenz alltäglicher und sinngebender Kommunikationsdialog, der Tag für Tag erlebt, gepflegt und genutzt werden kann und soll (vgl.: Schweiger, M., 2005, S. 2; Günster, U, 2007, S. 8 ff.; Krause, Chr. + Lorenz, R.-F., 2009, S. 97 ff.; Becker-Stoll, F. + Textor, M. R., 2007, S. 26 ff.).

Sprache ist Erlebnis – und kann Menschen in Erstaunen versetzen.

Sprache ist Genuss – und lässt immer wieder manche kleinen und großen Zuhörer/-innen mit offenem Mund besonders spannenden Erzählungen folgen.

Sprache verbindet – und lässt im ersten Augenblick unüberbrückbar erscheinende Grenzen zusammenbrechen.

Sprache erfreut – und bringt Sonne in die Herzen trauriger Menschen.

Sprache beglückt – und eröffnet in einem Gespräch gedankliche Perspektiven, die bis dahin kaum zugelassen werden konnten.

Sprache berührt – und lässt die Menschen in nachsinnende Gedankenwelten kommen, sodass die Gegenwart teilweise in völlige Vergessenheit gerät.

Sprache ist wie die Feder eines Vogels – leicht, beschwingt und wundervoll zu betrachten. **Sprache ist wie ein heller Sonnenstrahl** – wegweisend, zielgebend und richtungsorientierend.

Gleichzeitig kann Sprache aber auch wie ein Schwert sein: scharf wie eine frisch geschliffene Klinge, zerstörend und vernichtend. Sie kann sich wie ein Feuer in die Herzen mancher Menschen brennen und eine nachhaltige Wirkung auf den Gesprächspartner haben. Sprache kann aber auch ermüden, abschrecken, Ängste provozieren und krank machen. **Sprache kann damit Selbstbildungswelten im Menschen öffnen oder verschließen** und wirkt (unbemerkt) permanent **entwicklungsförderlich oder entwicklungshinderlich** auf Kinder, Jugendliche und Erwachsene.

Sprache als funktionalisierte Übungseinheit – ohne kommunikativen Wert

Dass die Sprache heute vielfach als „funktionalisiertes Medienkompendium" betrachtet wird, belegen auch die ungezählten, oben erwähnten und in vielen Kindertageseinrichtungen vorzufindenden, „Sprachtrainingsprogramme", die isoliert von Kinderwelten und abgetrennt von vernetzten Entwicklungsbereichen als belehrende „Sprachprogramme" auf Kinder übertragen und an ihnen angewandt werden.

Auf der Grundlage von sogenannten Sprachstandserhebungen wurde bzw. wird, mit teilweise akribischer Sorgfalt, in allen 16 Bundesländern in der Elementarpädagogik versucht, den *Sprachförderbedarf* bei Kindern festzustellen. Ein zusätzlicher Stolperstein wird den Kindern in der Regel außerdem noch zugemutet, indem die Sprachstandserhebungen von externen „Fachkräften" durchgeführt werden. Damit sind Kinder mit drei Irritationsauslösern konfrontiert. Erstens werden sie für den „Test" aus ihrem gerade aktuellen Alltagserlebnis herausgerissen, zweitens sehen sie sich mit einer fremden Person konfrontiert, und drittens sollen sie Aufgaben erfüllen, deren Sinn und Zweck sich ihnen nicht erschließen kann. Hier seien als Beispiele vor allem folgende Verfahren zur Sprachstandsdiagnostik genannt: „Screeningverfahren zur Feststellung von Störungen in der Grammatikentwicklung" (1999); „Patholinguistische Diagnostik bei Sprachentwicklungsstörungen" (2002); „HAVAS 5 – Hamburger Verfahren zur Analyse des Sprachstands bei 5-Jährigen" (2003); „BESK 4-5 – Beobachtungsbogen zur Erfassung der Sprachkompetenz 4- bis 5-Jähriger in Bildungs- und Betreuungseinrichtungen" (2008). Dazu kamen bzw. kommen sehr unterschiedliche Diagnoseverfahren und Sprachtests zum Einsatz, deren Aussagekraft und Bedeutungswert aufgrund ihrer entsprechenden Konzipierung und ihrer angewandten Erhebungsbedingungen fachlich, inhaltlich und konzeptionell teilweise völlig infrage gestellt werden müssen. Anmerkung: So kommt beispielsweise Petra Johanna Kurzwernhart in ihrer Diplomarbeit mit dem Titel „Sprachstandserhebungsverfahren im Überblick", Universität Wien (2009) zu folgendem Ergebnis: Die linguistische Grundlage beim HSET – Heidelberger Sprachentwicklungstest ist veraltet und bei den nun genannten Verfahren offenbaren die linguistischen Grundlagen folgende Merkmale: Screening-Verfahren zur Erfassung von SEV (1978): keine linguistische Fundierung erkennbar; AEST 3-6 – Aktiver Wortschatztest für 3- bis 6-jährige Kinder (1996): keine explizite linguistische Bezugstheorie; ELFRA – Elternfragebogen für die Früherkennung von Risikokindern (1999): keine explizite linguistische Bezugstheorie; SETK-2-Sprachentwicklungstest für zweijährige Kinder (2000): keine explizite linguistische Bezugstheorie; SETK 3-5 – Sprachentwicklungstest für drei- bis fünfjährige Kinder (2001): keine explizite linguistische Bezugstheorie; MSS – Marburger Sprach-Screening für 4- bis 6-jährige Kinder (2005): keine linguistische Fundierung erkennbar; Fit in Deutsch (2006): keine linguistische Fundierung erkennbar. In der Diskussion der vorhandenen Sprachstandserhebungsverfahren (aus psycholinguistischer Sicht) und in der Zusammenfassung heißt es: **„Hinsichtlich der linguistischen Fundierung zeigen sich Mängel.** Nur sieben der 18 untersuchten Verfahren (...) können eine Konzipierung anhand linguistisch orientierter Bezugstheorien aufweisen. Einige der Verfahren orientieren sich zumindest an Theorien aus anderen Disziplinen (Psychologie, Pädagogik ...), **bei anderen ist jedoch kaum irgendeine theoretische Fundierung erkennbar."** (S. 113, Hervorhebung durch den Autor) „Bei einem Teil der Verfahren liegen die Gütekriterien im Unklaren, da keine Angaben dazu gefunden wurden." (S. 117) Es „wurden schließlich Schlussfolgerungen gezogen und es zeigte sich, dass ein *perfektes* Verfahren zur Erhebung des Sprachstands momentan nicht existiert. Es zeigte sich erstens, dass ein Großteil der dargestellten Verfahren keinen Bezug zu linguistischen Theorien nimmt. Zweitens nehmen nur sechs [Anmerkung: von 18] der untersuchten Verfahren in ihrer Konzeption Rücksicht auf Mehrsprachigkeit, jeweils durch unterschiedliche Methoden, von denen nicht alle gut gelungen erschienen. [...] Die pragmatische und die diskursive Qualifikation werden nicht nur weniger mit einbezogen, sondern zusätzlich auch oft auf nicht optimalste Weise. In einem vierten Analysepunkt wurde deutlich, dass die Erfüllung der Gütekriterien eher dürftig ausgeprägt ist." (S. 122) Und unabhängig von den in der Fachöffentlichkeit immer lauter werdenden Zweifeln lautet die Antwort bei einem entsprechend festgestellten *Sprachförderbedarf* immer häufiger: „Das Kind bedarf eines speziellen Programms zur Sprachförderung."

Wer heute einen qualitätsorientierten Blick in die PRAXIS der Kindergärten wirft, muss erschrocken zur Kenntnis nehmen, dass nahezu die gesamte Pädagogik **didaktisiert** wird. Dabei wird – aus entwicklungspsychologischer und -pädagogischer Sicht betrachtet – allzu oft vergessen, dass sich eine „gute Sprachförderung" niemals als ein „verschultes Belehrungsprogramm/Sprachkurs mit Schulcharakter" anbieten und durchführen lässt. Vielmehr stellt sich eine nachhaltige Sprachförderung als fester, **integrierter Bestandteil der gesamten pädagogischen Tätigkeit im gesamten Tagesablauf** einer Kindertageseinrichtung dar, zumal der Spracherwerb stets in einem beziehungsorientierten, sozialen Kontext geschieht. Sprache baut sich dann auf, wenn Kinder einer Sprachsituation eine persönliche Bedeutung beimessen, dem Sprechanlass ein individuell vorhandenes Interesse zuweisen und in dem Sprachgegenstand einen Sinn für eine Lernauseinandersetzung mit sich selbst erkennen können (vgl.: Blank-Mathieu, M., 2010; Becker-Stoll, F. + Textor, M. R. 2007; Schäfer, G. E., 2005, S. 6 ff.; Schäfer, G. E., 1999, S. 152 ff.; Fink, M., 2005).

Sprache als alltagsbedeutsamer Kommunikationswert

Grundvoraussetzungen und zugleich Lernbedingungen für einen entwicklungsförderlichen Sprachauf- und Sprachausbau ergeben sich primär aus folgenden Aspekten:

- einer sicheren und vertrauensvollen Beziehung zwischen dem Kind und dem Erwachsenen,
- dem Zusammenspiel von Sinneswahrnehmung und einer aktiv beteiligten Motorik,
- einer sich momentan vollziehenden Persönlichkeitsentwicklung des Kindes,
- dem aktuellen Erleben von Sprach- und Sprechfreude,
- einer engagierten Selbsttätigkeit und Selbstaktivität,
- einer lebendigen und zuverlässig erlebten Interaktion,
- einer im Alltag sorgsam gestalteten Dialogpflege,
- einer vielfältigen Sprachnutzung in Alltagssituationen und Alltagsbezügen, die für das Kind bedeutsam und interessant sind,
- einem anregungsreichen Umfeld, das zwar reizvoll, nicht aber reizüberflutend auf das Kind wirkt sowie
- einer Sprachnutzung und einem Spracherleben, das sich an der aktuellen Lebenswelt des Kindes orientiert.

Wie Sprache im Sinne eines alltagsbedeutsamen Kommunikationswertes auf Kinder und dabei besonders auf deren Sprach-/Sprechentwicklung wirkt, zeigen vor allem die vielfältigen Untersuchungsergebnisse von Prof. Dr. Gisela Szagun, die zu den renommiertesten Spracherwerbsforscherinnen Deutschlands gehört (Szagun, G., 2006) und entsprechend formulierte Konsequenzen (2007) konstatiert. Darüber hinaus finden sich viele sprachunterstützende Hinweise in den Arbeiten von Dr. Martine F. Delfos, die seit Jahren über das Thema „Gesprächsführung mit Kindern" forscht. Weitere Praxishinweise für hilfreiche Grundvoraussetzungen und Lernbedingungen für einen erfolgreichen Sprachauf- und -ausbau liefern Rita Steininger (2004), Bernd Reimann (2009) und Sabine Bunse/Christiane Hoffschildt (2009), Marlies Koenen (2009)und Karin Jampert et al. (2006).

Nur wenn Sprachsituationen in lebendige Handlungszusammenhängen einbezogen und darüber hinaus gleichzeitig mit gegenwartsorientierten Lebenswirklichkeiten der Kinder verbunden sind, in denen sie selbst Sprechfreude erleben und eigene Deutungen vornehmen können, wird Sprache von Kindern als ein Zielmedium und ein spannendes Ausdrucksmittel angenommen und gerne genutzt. Doch die pädagogische Praxis sieht zumeist diametral anders aus – und das nicht erst seit 2009!

Sprachprogramme ohne Sinnzusammenhänge tragen zur Vertreibung von Kindheiten bei

Neue Erziehungskonzepte und **bildungspolitische Strömungen (z. B. die gezielte „Schulreifeförderung"/die Wiederholung der funktionalisierten Förderprogramme aus den 70er-Jahren des letzten Jahrhunderts …)** sowie **bildungspädagogische Maßnahmen (z. B. Lernen anhand von Arbeitsblättern; isolierte Förderprogramme …)** scheinen unaufhörlich wie Pilze aus dem Boden zu schießen und erheben mehr oder weniger den unüberhörbaren Anspruch, eine optimale Frühbildung bzw. frühkindliche Förderung zu garantieren. Gleichzeitig sind kindausgerichtete Förderprogramme für viele Eltern ein Segen, weil damit **angeblich** ungenutzte, brachliegende Kompetenzen ihrer Kinder stärker unterstützt und Ressourcen ausgebaut werden können. Eltern- und Erzieherratgeber zur „richtigen Förderpädagogik individueller Entwicklungsfenster" überschwemmen den Markt. Auch Spielmittel werden immer mehr zu Lerngeräten, sodass in erster Linie weniger die Freude der Kinder im Vordergrund steht als vielmehr die Frage der Erwachsenen, wie pädagogisch wertvoll bestimmte Spielsachen tatsächlich sind, wie umweltfreundlich ihre Verarbeitung ist und wie nutzbringend diese für die kindliche Lernentwicklung zu sein scheinen.

Kurse bestimmen für viele Kinder neben der Kindergarten- oder Schulzeit den Tagesrhythmus und das Handy wird für viele Kinder zum verlängerten Sprachrohr in einer zunehmend anonymisierten Welt, in der lebendige Beziehungen immer seltener werden. Wozu auch, wo doch die SMS-Nachrichten eine direkte, persönlich geführte Kommunikation überflüssig erscheinen lassen.

Zwar mag es auf den ersten Blick so wirken, als hätten es Kinder der heutigen Generation besser bzw. leichter, weil sie mehr Spielmittel, größere Bildungschancen, bessere Förderungsmöglichkeiten oder vielschichtigere Kommunikationswege nutzen können. Ein genaueres Betrachten macht aber deutlich, dass es vor allem um eines geht: *Kinder müssen eine ständige Zunahme an Erfahrungsverlusten hinnehmen* (vgl.: Ellneby, Y., 2001; Konrad, F.-M. + Schultheis, K., 2008; Rittelmeyer, Chr., 2007; DJI, 2009; Alt, Chr., 2008; Hurrelmann, K. et al., 2007).

Sprachaufbau geschieht im Sinne eines beziehungsorientierten „concomitant learning"

Entwicklungspädagogisch muss diese Tatsache sowohl Eltern als auch pädagogische Fachkräfte immer wieder aufs Neue aufrütteln, weil bekannt ist, dass Kinder in den ersten Lebensjahren vor allem aus den vielfältigsten Situationen eines Alltagshandelns lernen (= **concomitant learning**) (vgl.: Holt, J., 2003; Markowa, D., 2005; Jackel, B., 2008; Astington, J. W., 2000). So **entwickeln sich** alle kognitiven Prozesse aus einem begeisterten Tun, dem selbst beteiligten Aktiv-Sein, der selbst motivierten Tätigkeit und motorisch herausfordernden Aktivität. Nicht umsonst heißt es in einem alten Spruch: „Aus Erfahrung wird man klug." Wenn Kinder in zunehmendem Maße den Erfahrungsverlusten ausgesetzt sind, es aber gleichzeitig ihrer Bestimmung entspricht, sich als mitgestaltende und gleichzeitig lernende Mitakteure in dieser Welt zu begreifen, gibt es nur vorbestimmte Auswege: Entweder resignieren Kinder, ziehen sich zurück und klagen darüber, dass ihnen „so langweilig ist", oder sie suchen vielfältige Chancen, die Welt dennoch zu entdecken, etwa durch Regel- und Grenzüberschreitungen, Bewegungsüberschüsse oder Aktionismen, indem sie auf sich aufmerksam machen (müssen) nach dem Motto: *„Seht doch, hier bin ich."* Einerseits ist es die Angst davor, übersehen zu werden, die Kinder dazu veranlasst, sich zurückzuziehen oder „auf die Pauke zu hauen", weil sie ihrem Umfeld klarmachen wollen, dass die Planungen bzw. Angebote an ihren originären Bedürfnissen vorbeigehen, und andererseits verlieren die Kinder durch diese alltagsfernen Angebote immer stärker ihre Neugierde, ihr Umfeld auf eigene Faust mit Zeit und Ruhe zu erkunden. Langeweile ist das Resultat aus dem anerzogenen Verhaltensmuster, außengesteuerte Erwartungen zu erfüllen, sodass die Bereitschaft, Akteur der eigenen Entwicklung zu werden, nach wiederholten Aufstandsversuchen systematisch nachlässt. Damit gewinnt die Überzeugung Oberhand, dass eigene Vorhaben nicht so bedeutsam zu sein scheinen, sondern stattdessen eine Abwartehaltung, um sich als Reakteur in Szene zu setzen, erwünscht zu sein scheint.

Viele elementarpädagogische Fachkräfte und berufspolitische Mandatsträger können die aufgezeigten Gefahren einer völligen Verplanung von Kindheiten nachvollziehen und reagieren entsprechend bedauernd. Doch was ist von dem Versuch, Kindheit als ein eigenständiges Zeitfenster zu begreifen und entsprechend mit Kindern zu erleben, geblieben? Die Praxis zeigt: wenig. Es wird *für* Kinder gedacht und *für* sie geplant, *für* Kinder arrangiert und *für* Kinder gehandelt, anstatt zu begreifen, dass eine „Pädagogik vom Kinde aus" eine Pädagogik *mit* dem Kind ist. Viele elementarpädagogische Fachkräfte haben sich schon vor Jahren darüber aufgeregt, dass Eltern ihren Kindern in immer jüngerem Alter immer mehr Kindheitszeiten vorenthalten haben, indem sie die Tendenz unterstützt haben, Kinder in Arrangements unterzubringen. Mit dem Babyschwimmen, den Krabbelgruppen und frühkindlichen Förderprogrammen fing es an, zog sich über die ungezählten Kurse und Trainings für Kinder weiter (Montag: Ballett/Judo; Dienstag: Flöten-/Klavierunterricht; Mittwoch: Turnen/Fußball; Donnerstag: Reiten/Handball; Freitag: Tennis/frühes Lesenlernen; Samstag: Sportturniere; Sonntag: frei!?) und setzt(e) sich dann über die Kindergartenzeit fort. Viele Kinder hatten und haben ein Tagesprogramm, das dem eines Managers ähnlich ist.

Das heißt: **Die entfernt gesehene Zukunft wird in die Gegenwart hineingeholt, sodass die Zukunft zur Gegenwart gemacht wird!** Diese alltagsweltliche Vorstellung von Erziehung hat eine außergewöhnlich lange Tradition – sie ist von der Antike über die Zeit der Aufklärung, der Moderne, des Faschismus und des Kommunismus bis zur heutigen Zeit bekannt und findet sich erneut und hier besonders stark ausgeprägt in der aktuellen Pädagogik der „bildungsgeprägten Lernpädagogik". Erlaubt sei ein Rückblick. Der polnische Arzt und Pädagoge Dr. Janusz Korczak gab dazu schon vor über 90 Jahren eine klare Stellungnahme ab, indem er sagte: „Wer die

Kindheit überspringen will und dabei in die fern liegende Zukunft zielt – wird sein Ziel verfehlen" (1978, S. 20). Statt suchender Fragen, die wir uns aus den Beobachtungen der Kinder ableiten und immer wieder aufs Neue stellen, danach was Kinder am heutigen Tage brauchen, um in weitere Selbstbildungsanstrengungen kommen zu können, trachtet – so Korczak – „die ganz moderne Pädagogik ... danach, bequeme Kinder heranzubilden, sie strebt konsequent und Schritt für Schritt danach, alles einzuschläfern, zu unterdrücken und auszumerzen, was Willen und Freiheit des Kindes ausmacht, seine Seelenstärke, die Kraft seines Verlangens und seiner Absichten. Artig, gehorsam, gut, bequem, aber ohne Gedanken daran, dass es innerlich unfrei und lebemnsuntüchtig sein wird" (1987, S. 12). Was Kinder brauchen sind „Abenteuer für eine echte Kindheit" (Lee, J., 2005). Wenn Antoine de Saint-Exupéry einmal sagte: *„Wenn du mit anderen ein Schiff bauen willst, so beginne nicht, mit ihnen Holz zu sammeln, sondern wecke in ihnen die Sehnsucht nach dem großen, weiten Meer"*, dann sei die Frage erlaubt, was vielerorts in der Pädagogik tatsächlich passiert. Viele Arbeitsimpulse in der Elementarpädagogik besitzen in zunehmendem Maße den Charakter einer *„Kinderbelehrung"* mit der Folge, dass die gesamte Kindergartenpädagogik zu einer „vorgezogenen Schulpädagogik" mutiert und Kinder zusätzlich irritiert, weil uns neurobiologische Erkenntnisse zeigen, dass Kinder in Zusammenhängen fühlen, denken und handeln (wol len), im Sinne einer **nachhaltigen Bildung in Handlungsvernetzungen** begreifen müssen und nur das als lernbedeutsam aufnehmen werden, was sie selbst als lernherausfordernd klassifizieren.

Sprachaufbau und -entwicklung ist in Sinnzusammenhänge integriert

Eine sogenannte ganzheitliche sprachunterstützende Pädagogik (im Sinne einer *nachhaltigen Bildung* bzw. *Bildung aus erster Hand*) ist dann gewährleistet, wenn **möglichst alle Entwicklungsbereiche** in einer Spiel-, Erlebnis-, Erfahrungs- und Alltagsaktivität des Kindes **gleichzeitig** angesprochen und beteiligt sind. Entwicklungspsychologisch ist eine Trennung oder ein Herauslösen einzelner Entwicklungsbereiche nicht nur unmöglich, sondern kann auch keine *nachhaltigen Bildungsprozesse* im Kind bewirken. So sucht man bis heute vergeblich nach Studien, die das Gegenteil beweisen würden.

Kinder sind stets mit all ihren Entwicklungsfeldern – gleichzeitig und untrennbar – beteiligt, wenn es ihnen darum geht, die Welt zu erkunden, eigene Stärken zu erleben, neue Entwicklungsmöglichkeiten auszutesten und für sie bedeutsame Lebenserfahrungen zu machen. Die kindeigenen Entwicklungsfelder offenbaren sich in ihrem Denken, ihrer Fantasie, ihrer Kreativität, ihrer Sprache und ihrem Sprechen, ihrer Motorik, ihrer Soziabilität, ihrer Intelligenz, ihrer Motivation und vor allem ihren Gefühle.

Doch statt diese entwicklungspsychologisch bedeutsame Tatsache zur Kenntnis zu nehmen, steckt die Elementarpädagogik und stecken viele Eltern die Kinder in immer mehr **pädagogisierte Arrangements,** durch die sie ihre eigenen Lernimpulse immer weiter verdrängen und darauf warten, dass es vielleicht noch etwas Spannenderes gibt als ihre erlebte Realität. Der Weg vom Säugling über das Kind zum Jugendlichen und Erwachsenen wird immer kürzer und damit weniger nachvollziehbar für die Kinder selbst und ihr eigenes Leben. Nicht selten entstehen sogenannte **Entwicklungsbrüche vielfältigster Art – ausgedrückt als Verhaltensirritationen,** auf die die Erwachsenenwelt mit immer neuen, heilsversprechenden *therapeutisierten Pädagogikprogrammen* reagiert. Dort, wo ein Leben zunehmend in Bedingungen geschieht – und das macht den Alltag auch in manchen Kindertagesstätten aus –, wird und ist die aktive Selbstbestimmung vieler Kinder radikal reduziert. **Der Alltag ist aus „Fertigbausteinen" zusammengesetzt,** die den Kindern wenig Raum lassen, *Forscher, Ent-*

decker, Wissenschaftler mit eigenen Neigungen sein zu können. Janusz Korczak, der bekannte polnische Arztpädagoge, hat einmal gesagt:

> *„Wir belasten Kinder mit neuen Pflichten des Menschen von morgen, ohne ihnen die Rechte des Menschen von heute zuzugestehen. [...] Um der Zukunft willen wird gering geachtet, was es heute erfreut, traurig macht, in Erstaunen versetzt, ärgert und interessiert. Für dieses Morgen, das es weder versteht noch zu verstehen braucht, betrügt man es um viele Lebensjahre."*
>
> ***Verteidigt die Kinder, Gütersloh 1987, S. 47***

Kinder brauchen andere Erlebnisse als funktionalisierte Sprachübungen

Damit Kinder nicht noch mehr „Ohnmachtserlebnisse, Auslieferungserlebnisse, Trennungserlebnisse, Beziehungsnöte und Bedrohungsängste" erfahren müssen, ist es vielleicht hilfreich, sich an das Wort eines unbekannten Apachenkriegers zu erinnern: „Großer Geist, bewahre mich davor, über einen Menschen zu urteilen, ehe ich nicht eine Meile in seinen Mokassins gegangen bin." Kinder laden uns jeden Tag dazu ein.

Was Kinder dringender denn je brauchen, ist ein Lebens- und Lernumfeld, das vor allem durch folgende Merkmale gekennzeichnet ist:

Sie brauchen ungeteilte Zeiten, in denen sie mit Ausdauer und nach eigenen Zeitempfindungen Dinge in Ruhe zu Ende führen können, und sie brauchen vor allem Erwachsene, die ihre Ausdrucksformen wirklich verstehen, die Symbole ihres Handelns und Erzählens begreifen, und sie brauchen den Kindergarten als einen Ort, an dem sie ein aktives Mitspracherecht haben: von der Gestaltung des Tagesablaufes bis hin zur Kinderkonferenz.

Kinder brauchen offene Ohren, die hören, was Kinder zur Zeit beschäftigt, und sie suchen vielfältige Möglichkeiten, das wirkliche Leben – und keine künstlich gestaltete und strukturierte Welt – kennenzulernen.

Kinder brauchen eine Umgebung, in der sie sich in ihrer Individualität entwickeln können, bevor eine sogenannte Sozialentwicklung auf sie einströmt, und sie brauchen Menschen, die ihnen einen Raum zugestehen, in dem sie mit Versuch und Irrtum das Weltgeschehen um sie herum begreifen können.

Sie brauchen Erwachsene (und ein entsprechendes Umfeld), mit denen der Prozesshaftigkeit eine höhere Beachtung geschenkt wird als dem Herstellen von irgendwelchen „ästhetischen Produkten", und sie brauchen diese Erwachsenen als Bündnispartner zur Umsetzung ihrer ureigenen Interessen.

Sie brauchen und suchen einen Ort, an dem ihr magisch-mythisches Denken – also ihre subjektiv bildhafte Vorstellung von der Welt und deren wirksamen Zusammenhängen – ausreichend Platz findet, erlebt und ausgedrückt wird.

Sie brauchen Mitspieler und keine Dirigenten, die wirklich auf der Ebene von Kindern – im wahrsten Sinne des Wortes – sind, und sie brauchen Erwachsene, die mit ihnen sprechen, anstatt auf sie einzureden oder über sie zu sprechen.

Sie brauchen Menschen, die ihre Stärken sehen und nicht gegen ihre vermeintlichen Schwächen kämpfen, und sie suchen Erwachsene, die statt eines Pessimismus einen hohen Optimismus ausstrahlen, die ihre Stärken sehen und nicht ihre „Schwächen" minimieren wollen.

Sie suchen Mitmenschen, die sich auf Erfahrungen einlassen und keine Dogmen (Lehrsätze) verbreiten, und sie brauchen Erwachsene, die statt „moralisierender Ratschläge für andere Werte" selbst ihr eigenes Leben auf der Grundlage einer verinnerlichten Wertemoral gestalten.

Sie wünschen sich Menschen, die loslassen können, statt sich auf bestimmte Rollen und Vorhaben/Ziele zu fixieren, und sie suchen Erwachsene, die sie, statt erziehen zu wollen, ganzheitlich begleiten.

Kinder brauchen Menschen, die Selbsterfahrung auf sich nehmen, statt eigene Gedanken, Gefühle und Muster zu projizieren, und sie suchen Erwachsene, die mit ihnen auf die Suche nach Wahrheiten gehen, statt im Sinne von Recht oder Unrecht zu debattieren und eigene Standpunkte auf Kinder zu übertragen.

Wenn diese (und sicherlich viele weitere) Merkmale für den Kindergarten zutreffen sollen, **bedarf es immer wieder einer selbstkritischen Reflexion** einrichtungsspezifischer Normen und eingefahrener Verhaltensmuster – im Interesse von Kindern und Erwachsenen sowie einer tatsächlich bildungsorientierten Frühpädagogik.

So bedarf es in der Elementarpädagogik keiner zusätzlichen Intensivräume für besondere Arbeiten, sondern Räume, in denen es überall „intensiv" zugeht.

Die Kindergartenzeit ist auch keine Zeitspanne eines vorgezogenen Schulübens, sondern ein Leben und Lernen mit Kindern in sinnzusammenhängenden, ganzheitlichen Vorhaben, die sich auf das aktuelle Leben der Kinder mit ihren Themenschwerpunkten beziehen.

Die Elementarpädagogik ist kein Ort, an dem Kinder gesagt bekommen, was sie machen können/sollen/müssen, sondern an dem **die Themen der Kinder verstanden und aufgegriffen werden** (vgl.: Wiebe, E., 2010, S. 118–134).

Der Kindergarten hat für eine Atmosphäre zu sorgen, in der sich Kinder angenommen und wertschätzend behandelt fühlen. Dabei ist die Umgebung von Kindern als ein Ort zu erfassen, an dem sie sich selber fordern und eigenmotiviert fördern können.

Der Kindergarten hat sich Kindern als **ein Ort** zu zeigen, **an dem das Leben pulsiert,** in dem bestehende Alltagsrealitäten ihres erlebbaren Umfeldes erfahren werden können und der jede aufgesetzte Künstlichkeit von inszenierten, erwachsenengesteuerten und herbeigeführten „teilisolierten Förderprogrammen“ aufgibt (vgl.: Lill, G., 2007, S. 18 ff.; Krenz, A.: 2010, S. 121 ff.).

Er hat Kindern die entwicklungsförderliche Möglichkeit zu bieten, unverarbeitete Erfahrungen aufzuarbeiten, um sich von alltäglichem Erwartungsdruck und biografisch ausgelösten Belastungen zu befreien (vgl.: Krenz, A., 2008, S. 201 ff.).

Der Kindergarten muss ein Ort sein, an dem der Fantasiereichtum von Kindern jede Arbeitsschablone überflüssig macht und die Person der Erzieherin bzw. des Erziehers ein von den Kindern geliebter Teil der Gruppe ist.

Der Kindergarten gestaltet dabei seine Arbeit aus einem Selbstverständnis heraus, in dem zunehmend eingesetzte Therapieprogramme durch das gemeinsame, ganzheitliche Leben immer mehr überflüssig werden.

Alltagstaugliches Sprachgeschehen als lernprovozierender Lebensraum

Damit wird der Kindergarten zu einem Ort, an dem mit Kindern zusammen gekocht und gelacht wird, Freude regiert und Regeln gemeinsam ausgehandelt werden, **Kinder noch Kinder sein können** und nicht als „unfertige Erwachsene“ betrachtet werden, geachtete Rückzugsecken bestehen und Kinder selbstverständlich jeden Tag ihr Spielzeug mitbringen können, Jungen ebenso wie Mädchen zu ihren besonderen Rechten kommen und Gewalt von einer natürlichen Aggression unterschieden wird. Ein Ort, an dem es ebenso Ablehnung, Abgrenzung und Auseinandersetzungen gibt wie unter den

Erwachsenen und dabei natürliche Wege gesucht und miteinander gegangen werden, um solche Grenzen zu überwinden; an dem jedes Kind das verbriefte Recht auf Meinungsäußerung – ein in der UN-Charta „Rechte des Kindes" festgeschriebenes Recht (Artikel 12/13) – besitzt und vor allem das Kind in Erwachsenen ein Modell für das Gesagte erlebt. Viele elementarpädagogische Fachkräfte behaupten mit fester Überzeugung, dass sie sich genau durch diese Merkmale auszeichnen. Doch trifft dabei ein Wunsch- bzw. Ideal-Ich nicht selten auf ein widersprüchliches Realbild. (Hinweis für die Praxis: Es lohnt sich durchaus, diesen Anspruch gezielt in einer Selbstbeobachtung zu überprüfen. Vgl. Krenz, A., 2009, S. 22.)

Dort, wo der Kindergarten zu einem **alltagstauglichen,** *bildungsorientierten und lernprovozierenden Lebensraum* geworden ist, fühlen sich Kinder angenommen und verstanden. Dies schafft die notwendige Sicherheit für Kinder, sich auf neue Erfahrungen einzulassen, alte Muster zu verändern und mit neuen Verhaltensweisen zu experimentieren.

Der Kindergarten ist in Gefahr, sich allzu schnell auf wieder neue Programme und Richtungen einzulassen – ein Beweis für eine oftmals zu beobachtende **Orientierungslosigkeit der gegenwärtigen Elementarpädagogik.** Wenn Kinder diesen **„lernprovozierenden Bullerbü-Effekt"** (vgl.: Lindgren, A., 2006) – d. h. sinngebende, in der Lebensrealität erfahrbare Zusammenhänge zwischen dem real aktuellen Kinderleben und ihrem real existenten Umfeld – nicht mehr im Kindergarten erleben können, dann müssen sie auch hier resignieren und entwickeln bzw. verfestigen auffällige Verhaltensweisen, die sich folgenotwendig weiter in die Schulzeit verlagern oder die Kinder suchen ihre Erfahrungen „auf der Straße". Das ist – auf die Gegenwart bezogen – dramatisch und wäre im Hinblick auf die Zukunft fatal. Kinder brauchen nötiger denn je einen beziehungsorientierten und lernintensiven **Alltags-Lebensraum** – der Kindergarten kann ihn bieten und Kindern nutzbar machen.

Sprachentwicklung braucht sprechfreundliche Rahmenbedingungen/ Begleiterscheinungen

Wenn Erzieherinnen und Erzieher Wert darauf legen, dass sich Sprache entwickeln, auf- und ausbauen soll, sind zunächst die **Faktoren zu identifizieren und zu verändern**, die die Sprach- und Sprechentwicklung eines Kindes massiv hemmen:

- unübersichtliche Beziehungsverhältnisse durch zu große Gruppen oder pädagogische „Ansätze", die sogenannte „feste Gruppen" ablehnen;
- wenig oder sehr eingeschränkte Bewegungsangebote, die zumeist darauf ausgerichtet sind, den Kindern „gezielte" Bewegungsmöglichkeiten anzubieten;
- ein wahrnehmungsstörender Lärmpegel, der es Kindern nahezu unmöglich macht, aufeinander zu hören, miteinander in Ruhe zu reden, gemeinsam die Sprache zu erleben; (Hinweis: In einer „pulsierenden Pädagogik", wo Kinder mit für sie interessanten Themen beschäftigt sind, geht es zwar lebendig und handlungsaktiv, nicht aber automatisch auch „lärmend" zu.);
- ein gereiztes Sprach-/Sprechklima – ausgelöst durch zunehmend „genervte" Erwachsene, die voller lernzielorientierter Fördervorgaben oftmals nur noch „Lernergebnisse bei Kindern" feststellen und dokumentieren wollen;
- Sprachkorrekturen, die die Sprechfreude der Kinder hemmen;
- Hektik, Unruhe, Chaos, Streit, Zeitfresser, Sprachunterbrechungen, die eine sprachunfreundliche Atmosphäre ausbreiten;

- ein zeitunterbrochenes Zuhören, weil Erwachsene mit allzu vielen Nebentätigkeiten beschäftigt sind und immer weniger Ruhe besitzen, sich ganz und gar auf Gesprächserlebnisse mit Kindern einzulassen;
- ein „Nachäffen" von Sprach-/Sprechfehlern, das vielleicht als „Ansporn" gedacht, aber immer als „Verletzung" erlebt werden wird;
- ein monologisierendes Einreden auf Kinder, das nicht selten als sprachabschreckend von Kindern empfunden wird;
- wenn Kindern Sprach-/Sprechäußerungen abgenommen werden;
- wenn Kindern viel zu früh Antworten auf ihre Fragen gegeben werden, anstatt mit ihnen nach Antworten zu suchen und
- wenn eine „kognitive" Sprache eingesetzt wird, statt einer emotional positiv besetzten – beziehungsorientierten – Sprache. Eine solche beziehungsorientierte Sprache kann nur dort geschehen, wo elementarpädagogische Fachkräfte Kinder nicht nur „verstehen", sondern ihr Verhalten/ihre Sprachaussagen fühlend fühlen.

Der/die Erzieher/-in als sprachunterstützender Ausgangspunkt für Sprachentwicklung

Es besteht heute überhaupt kein Zweifel daran, was die Sprache nachhaltig fördert (vgl.: Mannhard, A. + Braun, W. C., 2008; Weinert, S., 2007 + 2008; Weinert, S. + Grimm, H., 2008; Mietzel, G., 2002; Tracy, R., 2007). Entsprechende Hinweise finden sich daher auch in nahezu allen länderspezifischen Orientierungs- und Bildungs(rahmen) richtlinien für Kindertageseinrichtungen! Eine **„integrierte Sprachförderung“** (Best, P. + Zehnbauer, A., 2009/Michalak, M., 2008) geschieht vor allem durch die Merkmale, die Sprachäußerungen außergewöhnlich stark aktivieren, provozieren, lebendig werden lassen: alltäglich miteinander sprechen; miteinander singen; miteinander dichten und reimen; Dialoge lebendig pflegen und gemeinsam auf die Suche nach Antworten gehen; miteinander philosophieren; Kinderaktivitäten sprachlich begleiten; gemeinsames Genießen einer lebendigen Bewegungskultur; Geschichten vorlesen und nacherzählen; Märchen vorlesen und nachspielen; Geschichten erfinden und aufschreiben; miteinander spielen; sorgsam aufeinander hören; Hörspiele erfinden und aufzeichnen; Kindergartenzeitungen erstellen und drucken; Kinderkonferenzen gemeinsam gestalten.

Entsprechend der bekannten Aussage von Pestalozzi, dass „Erziehung Liebe und Vorbild ist – sonst nichts!“, muss es in einer sprachförderlichen Erziehungs- und Bildungsatmosphäre vor allem um die **eigene *Sprach- und Sprechkultur*** der elementarpädagogischen Mitarbeiter/-innen und die der Elementarpädagogik zugeordneten Fachkräfte gehen.

Sprache ist für Kinder ein alltägliches, lebendiges, entwicklungsförderliches Kommunikationserlebnis mit Kindern und Sprachbildung von Kindern versteht sich in erster Linie als eine Herausforderung an die hohe Sprachkompetenz von bindungsorientierten Erwachsenen!

Die verschiedenen Merkmale des eigenen Sprechverhaltens, die eine sprachförderliche oder sprachhinderliche Auswirkung auf Kinder haben, äußern sich in der **Stimmfarbe, der Stimmkraft, im Sprechtempo, der Aussprache, dem Satzbau, den möglicherweise genutzten Sprachmarotten und dem Sprechausdruck** (vgl.: Mannhard, A. + Braun, W.C., 2008).

Wir alle haben sicherlich ein Bild von unserer gelebten Alltagssprache. Wir glauben, eher einfühlsam, annehmbar, freundlich, aufgeschlossen, einladend, und insgesamt kommunikationsförderlich zu sprechen.

Gleichzeitig ist es so, dass unser Wunschbild häufig einem Idealbild entspricht und mit der Wirklichkeit – dem Realbild – nicht unbedingt übereinstimmen muss.

Aus diesem Grunde sei ein Sprach-/Sprechreflexionsbogen vorgestellt, der wie ein Spiegel zur Hand genommen werden kann, um einerseits selbst eine Sprach- bzw. Sprechanalyse vorzunehmen oder andererseits – was noch effektiver ist – eine Kollegin/einen Kollegen zu bitten, bei der Spracherfassung sowie einer kritischen Bestandsaufnahme behilflich zu sein.

So kann der folgende *Reflexionsbogen* gezielt dabei helfen, sein eigenes Sprach- und Sprechverhalten zu erfassen und ggf. Maßnahmen zu ergreifen, um notwendige Veränderungen vorzunehmen:

Aussprache	**Satzbau**	**Sprachmarotte**	**Sprechbeginn/-ausdruck**	**Sprechtempo**	**Stimmkraft**	**Stimmfarbe**
deutlich	einfach strukturiert	häufige Wiederholungen	ängstlich	langsam	leise	weich
undeutlich	mittellang	„Ich würde sagen"	ungeduldig	mittel	(zu) laut	hart
näselnd	lang	„irgendwie"	fragend	schnell	dynamisch	melodisch
nuschelig	eintönig (nur: Subjekt, Prädikat, Ergänzung)	viele „Äh"	originell	hastig, rasend	gepresst	voluminös
akzentuiert	verschachtelt	viele „und"	bestimmend	abgehackt	entspannt	flach
stockend	kompliziert	viele „ich"	schüchtern	ohne Pausen	schrill	hell
näselnd	vollständig	viele Fremdwörter	rücksichtsvoll (nicht mit der „Türe ins Haus fallen")	mit Pausen	schneidend	dunkel

Aussprache	Satzbau	Sprachmarotte	Sprechbeginn/ -ausdruck	Sprechtempo	Stimmkraft	Stimmfarbe
lispelnd	abgebrochen	viele Anglizismen	rücksichtslos	mit zu langen Pausen	gleichbleibend	kippend (wechselnd zwischen hoch + tief)
überdeutlich	abstrakt	„Ich sag' mal …"	lebhaft	„ohne Luft zu holen"	wechselnd	betonend
sorgfältig	konkret	viele „ne" am Satzende	sicher	einschläfernd	gewaltig	voll
rhythmisch	grammatikalisch korrekt	„eigentlich"	spannend	gehetzt	zurückhaltend	leer
fließend	grammatikalisch falsch	„Man sollte …"	fesselnd			
		„Ja, aber …"	interessant			

„Gute Sprachförderung" ist alltäglich hörbar. Test- und Sprachförderverfahren mögen Erwachsene beruhigen – Kinder werden durch sie nicht selten massiv beunruhigt. Die *Methodengläubigkeit* und *didaktisierte Vielfalt* in der Elementarpädagogik setzt den *eigenen Entwicklungszeitraum Kindheiten* mit seinen besonderen Erfordernissen zunehmend aufs Spiel. Insofern ist aus entwicklungspsychologischer, sprachwissenschaftlicher und entwicklungspädagogischer Sicht ein **Perspektivwechsel dringender denn je notwendig!**

Literatur

Alt, Christian (Hrsg.) (2008): Kinderleben – Industrielle Entwicklungen in sozialen Kontexten. Band 5. Wiesbaden: Schriftenreihe des Deutschen Jugendinstituts

Astington, Janet W. (2000): Wie Kinder das Denken entdecken. München: Ernst Reinhardt

Becker-Stoll, Fabienne & Textor, Martin R. (Hrsg.) (2007): Die Erzieherin-Kind-Beziehung. Zentrum von Bildung und Erziehung. Mannheim: Cornelsen

Best, Petra + Zehnbauer, Anne (2009): Kinder-Sprache stärken. Anregungen für eine integrierte Sprachförderung. In: TPS, Heft 4, S. 46–50

Blank-Mathieu, Margarete (2010): Kinder in ihrer Entwicklung unterstützen. In: Krenz, Armin: Handbuch für ErzieherInnen in Krippe, Kindergarten, Kita und Hort. München: Olzog. Teil 4, Beitrag Nr. 40, S. 1–40

Bunse, Sabine + Hoffschildt, Christiane (2008): Sprachentwicklung und Sprachförderung im Elementarbereich. München: Olzog

Delfos, Martine F. (2004): „Sag' mir mal ..." – Gesprächsführung mit Kindern (4–12 Jahre). Weinheim, Basel: Beltz

DJI – Deutsches Jugendinstitut (Hrsg.) (2009): Das Wissen über Kinder – eine Bilanz empirischer Studien. DJI Bulletin, Nr. 85, Heft 1/2009

Ellneby, Ylva (2001): Kinder unter Stress. Was wir dagegen tun können. München: Beust

Fink, Michael (2005): Gute Sprachförderung sieht man nicht. Sprachtest im Vergleich. In: klein & groß, Heft 07–08/2005, S. 23–25

Fischer-Olm, Anna (2006): „.... und dann hat die Erzieherin zu mir gesagt". Wie Eltern die Sprachentwicklung ihres Kindes unterstützen können. Dortmund: Borgmann Media Taschenbuch

Fink, Michael (2005): Gute Sprachförderung sieht man nicht. Sprachtest im Vergleich. in: klein&groß, Heft Nr. 07-08, S. 22–25

Friedrich, Hedi (2003): Beziehungen zu Kindern gestalten. 3. Aufl. Weinheim, Basel: Beltz

Gardner, Howard (1993): Der ungeschulte Kopf. Wie Kinder denken. Stuttgart: Klett-Cotta

GEW – Gewerkschaft Erziehung und Wissenschaft (Hrsg.) (2007): Sprache fördern – Bildung ganzheitlich entfalten. Frankfurt a. M.

Günster, Ursula (2007): Kinder auf ihrem Weg begleiten. Lahr: Kaufmann

Held, Susanne (2006): Vorlesen oder die Kunst, Bücher in Kinderherzen zu schmuggeln. Stuttgart: Klett-Cotta

Holt, John (2003): Wie kleine Kinder schlau werden. Selbständiges Lernen im Alltag. Weinheim: Beltz

Hurrelmann, Klaus/Andresen, Sabine/TNS Infratest Sozialforschung (2007): Kinder in Deutschland 2007. 1. World Vision Kinderstudie. Frankfurt a. M.: World Vision Deutschland e.V.

Jackel, Birgit (2008): Lernen, wie das Gehirn es mag. Kirchzarten: VAK

Jampert, Karin/Leuckefeld, Kerstin/Zehnbauer, Anne + Best, Petra (2006): Sprachliche Förderung in der Kita. Wie viel Sprache steckt in Musik, Bewegung, Naturwissenschaften und Medien? Weimar/Berlin: verlag das netz

Koenen, Marlies (2009): Sprache anfassen. Ein Werkstattbuch. Weimar/Berlin: verlag das netz

Konrad, Franz-Michael + Schultheis, Klaudia (2008): Kindheit. Eine pädagogische Einführung. Stuttgart: Kohlhammer

Korczak, Janusz (1978): Verteidigt die Kinder! Erzählende Pädagogik. Gütersloh (3. Aufl. 1987): Gütersloher Verlagshaus G. Mohn

Korczak, Janusz: (1987): Wie man ein Kind lieben soll. Göttingen (9. Aufl.): Verlag Vandenhoeck + Ruprecht

Krause, Christina + Lorenz, Rüdiger-Felix (2009): Was Kindern Halt gibt. Salutogenese in der Erziehung: Göttingen: Vandenhoeck + Ruprecht

Krenz, Armin (2010): Was Kinder brauchen. Aktive Entwicklungsbegleitung im Kindergarten. 7. Aufl. Mannheim: Cornelsen Verlag Scriptor

Krenz, Armin (2008): Der „Situationsorientierte Ansatz" in der Kita. Grundlagen und Praxishilfen zur kindorientierten Arbeit. Troisdorf: Bildungsverlag EINS

Krenz, Armin (2007): Psychologie für Erzieherinnen und Erzieher. Grundlagen für die Praxis. Mannheim: Cornelsen Verlag Scriptor

Krenz, Armin (2007): Werteentwicklung in der frühkindlichen Bildung und Erziehung. Mannheim: Cornelsen

Krenz, Armin (2008): Kinder brauchen Seelenproviant. München: Kösel-Verlag

Krenz, Armin (2009): Beobachtung und Entwicklungsdokumentation im Elementarbereich. München: Olzog

Kurzwernhart, Petra Johanna (2009): Sprachstandserhebungsverfahren im Überblick unter Berücksichtigung von linguistischen Grundlagen, Mehrsprachigkeitsdiagnostik, Basisqualifikationen, Gütekriterien und Verfahrensarten. Diplomarbeit an der Universität Wien

Lee, Jeffrey (2005): Abenteuer für eine echte Kindheit. Die Anleitung. München: Piper

Lentes, Simone (2004): Ganzheitliche Sprachförderung. Weinheim, Basel, Berlin: Beltz

Lindgren, Astrid (2006): Das entschwundene Land. München: Deutscher Taschenbuch Verlag

Lill, Gerlinde (2007): Bildungsblüten oder Verplanung und Verregelung von Kinderzeit. In: Betrifft KINDER, Heft 08-09, S. 18–20

Mannhard, Anja + Braun, Wolfgang G. (2008): Sprache erleben – Sprache fördern. Praxisbuch für ErzieherInnen. München: Ernst Reinhardt

Markova, Dawna (2005): Wie Kinder lernen. Eine Entdeckungsreise für Eltern und Lehrer. Kirchzarten: VAK

Mietzel, Gerd (2002): Wege in die Entwicklungspsychologie. Kindheit und Jugend. Weinheim: Psychologie Verlags Union, S. 141 ff.

Michalak, Magdalena (2008): Sprachförderung im Alltag. In: klein&groß, Heft 5/2008, S. 34–37

Rauschenbach, Petra (2010): Lern- und Frühförderprogramme im reichhaltigen Angebot der Elementarpädagogik und Konsequenzen für eine professionell gestaltete Elementarpädagogik. In: Krenz. Armin (Hrsg.) (2010): Handbuch für ErzieherInnen in Krippe, Kindergarten, Kita und Hort. 57. Ausgabe, Juli 2010, Teil 4, Beitrag Nr. 49. München: Olzog

Reimann, Bernd (2009): Im Dialog von Anfang an. Die Entwicklung der Kommunikations- und Sprachfähigkeit in den ersten drei Lebensjahren. Berlin, Düsseldorf: Cornelsen Scriptor

Rittelmeyer, Christian (2007): Kindheit in Bedrängnis. Zwischen Kulturindustrie und technokratischer Bildungsreform. Stuttgart: Kohlhammer

Schäfer, Gerd E. (2005): Bildungsprozesse in der frühen Kindheit. In: Sozial extra, Nr. 1/2005, S. 6–11

Schäfer, Gerd E. (1999): Sinnliche Erfahrung bei Kindern. In: Materialien zum 10. Kinder- und Jugendbericht, Band 1: Lepenies, A. et al. (Hrsg.): Kindliche Entwicklungspotentiale. Opladen: Budrich, S. 152–290

Schweiger, Martina (2005): Ein neuer Blick auf die Bildungsprozesse von Kindern. DJI Bulletin, Nr. 71, Sommer 2005, S. 2

Steininger, Rita (2004): Wie Kinder richtig sprechen lernen. Sprachförderung – ein Wegweiser für Eltern. Stuttgart: Klett-Cotta.

Szagun, Gisela (2006): Sprachentwicklung beim Kind – ein Lehrbuch. Weinheim: Beltz

Szagun, Gisela (2007): Das Wunder des Spracherwerbs. So lernt Ihr Kind sprechen. Weinheim, Basel: Beltz

Szagun, Gisela (2006): Sprachentwicklung beim Kind. Ein Lehrbuch. Weinheim, Basel: Beltz

Textor, Martin R.: (2008): Wider die Verschulung des Kindergartens. Selbstbildung und ko-konstruktives Lernen zulassen. In: klein&groß, Heft 05/2008, S. 38–43

Tracy, Rosemarie (2007): Wie Kinder Sprachen lernen. Tübingen: Francke

Weinert, Sabine (2007): Spracherwerb. (Seite 221–231). In: Hasselhorn, Marcus + Schneider, Wolfgang (Hrsg.): Handbuch der Entwicklungspsychologie. Göttingen: Hogrefe

Weinert, Sabine + Lockl, Kathrin (2008): Sprachförderung. In: Petermann, Franz + Schneider, Wolfgang (Hrsg.): Enzyklopädie der Psychologie, Angewandte Entwicklungspsychologie, Band 7, S. 92–134

Weinert, Sabine + Grimm, Hannelore (2008): Sprachentwicklung. In: Oerter, Rolf + Montada, Leo: Entwicklungspsychologie, 6. vollständig überarbeite Auflage. Weinheim: Psychologie Verlags Union, S. 502–534)

Wiebe, Edeltraud (2010): Kinder haben ein Recht darauf, verstanden zu werden. In: Krenz, Armin (Hrsg.): Kindorientierte Elementarpädagogik. Göttingen: Vandenhoeck & Ruprecht

Entwicklungsgesetze in der frühen Kindheit – ihre Bedeutungswerte für eine kindgerechte Pädagogik

Zu Beginn ist ein kurzer entwicklungspsychologischer Rückblick notwendig und sei daher erlaubt: Europäische und amerikanische Kinder im Alter von 2 ½ Jahren sind durchschnittlich 90 cm groß (unter Beachtung interindividueller Abweichungen). Das bedeutet, dass sie damit bereits etwas mehr als die Hälfte ihrer endgültigen Körpergröße erreicht haben. Von nun an geschieht das Wachstum in den nächsten Jahren langsamer, wobei Jungen im Kindergartenalter etwas größer sind als Mädchen. Am auffälligsten sind nun die Veränderungen der Körperproportionen. Die Gliedmaßen verlängern sich im Verhältnis zum Rumpf, der sich selbst im Vergleich zum Kopf streckt. Dadurch wird der Gesamteindruck des Körpers „harmonischer". Ausgelöst durch diese Streckung und die gleichzeitige Weiterentwicklung der Bauchmuskulatur wird der Bauch flacher. Aufgrund der Verringerung des zu Anfang vorgelegten Wachstumsschubes benötigen die Kinder auch weniger Energiezufuhr, was sich darin zeigt, dass sie aus der Sicht vieler Eltern häufig „schlechte Esser" sind. Kinder im Kindergartenalter brauchen zudem weniger Schlaf als Kinder in den ersten beiden Lebensjahren und sind damit vermehrt beschäftigt, ihr Umfeld mit allen Sinnen zu erkunden.

Die Welt als ein großer Bewegungsraum

Während Kinder im Alter von ca. 2 ½ Jahren mit der Zeit zunehmend besser in der Lage sind, immer sicherer zu gehen und zu laufen, entdecken vor allem dreijährige und vierjährige Kinder nun immer stärker die außergewöhnlich große Vielfalt ihrer grobmotorischen Ausdrucksfähigkeit. So lieben sie es, den Wechsel von großen und kleinen Schritten zu initiieren, sie haben Freude daran, sehr langsam zu gehen, stehen zu bleiben, und sich erneut in Bewegung zu setzen, dann schneller und schließlich sehr schnell zu laufen, abrupt ihren Lauf zu beenden und sich umzuschauen, was es nun Neues zu entdecken gibt. Sie mögen es, ihren Oberkörper nach links und rechts zu drehen und dabei gleichzeitig auf der Stelle stehen zu bleiben, die Schultern unabhängig voneinander zu heben, zu senken und zu drehen, mit beiden Beinen zu hüpfen und sich auf einen weichen Untergrund fallen zu lassen, die Treppen rauf und runter zu laufen, anderen Personen nachzulaufen um sie zu erreichen, Tieren hinterherzulaufen in dem Versuch, diese zu fangen, auf Brettern oder Steinen zu balancieren, auf Bäume zu klettern, sich in Sträuchern zu verstecken, durch Röhren zu kriechen oder auf einem Bein zu stehen und sich die Welt um sich herum anzuschauen. Man könnte sagen: **Außer Schlafen und Essen scheint die ganze Welt des Kindes aus Aktivitäten zu bestehen, die sich in motorischer Lebendigkeit ausdrücken.** Viele Eltern berichten aus dieser Zeit das, was auch die Wissenschaft bestätigt: dass sich die Motorik ab dem dritten, vierten Lebensjahr immer weiter (und fast zusehends) entwickelt. Dabei ist die Tatsache sehr bedeutend, dass Kinder in diesem Alter nach und nach dieselben motorischen Fähigkeiten wie ältere Kinder oder Erwachsene erwerben. Allerdings nur dann, wenn Kinder sich in ihren Bewegungsaktivitäten immer sicherer fühlen und ihre wesentlichen Bewegungsabläufe automatisiert und zielgerichtet umgesetzt werden können. Darin liegt der Grund, dass keine motorische Herausforderung von den Kindern unbeachtet bleiben wird. Sehen sie beispielsweise einen Roller, so fühlen sie sich impulsiv dazu aufgefordert, ihn in Beschlag zu nehmen und damit loszufahren. Wird ein Baum mit herunterhängenden Ästen erblickt, so verstehen Kinder dies als eine **Herausforderung,** sich entweder daran festzuhalten und hin und her zu schaukeln oder den Versuch zu unternehmen, daran hochzuklettern. Erblicken sie eine Mauer, will diese von den Kindern erklommen oder auf ihr herumgelaufen werden, um anschließend herunterzuspringen und das Spiel von Neuem zu beginnen. Diese **ungebändigte Bewegungsfreude** ist ein den Kindern inne liegender Entwicklungsimpuls, der bei bewegungssicheren Kindern keine große Unterstützung durch Erwachsene bedarf. Motorisch unsichere Kinder allerdings sind auf Ermutigung und Motivation angewiesen.

Die Vernetzung von Motorik und kognitiver Entwicklung

Seit vielen Jahren ist der Wissenschaft bekannt, dass die motorische Entwicklung eine sehr bedeutsame und nicht zu unterschätzende Voraussetzung für die kognitive Entwicklung des Menschen ist. Bewegungsfreude und Bewegungsaktivitäten führen Kinder zu Handlungsauseinandersetzungen, indem sie die Dinge um sich herum wahrnehmen und dabei diese Wahrnehmungsimpulse als Handlungsaufforderung aufnehmen – sie sehen etwas, was sie interessiert, und wollen es genauer betrachten, sie hören etwas und wollen wissen, was das für ein Ton ist, woher er kommt, wie er entstehet, was oder wer bei diesem Ton/Geräusch dahinter steckt; sie fühlen etwas und wollen nun genauer in Erfahrung bringen, warum es glatt oder rau, weich oder hart, kalt oder warm ist. Sie vergleichen diese mit anderen Erfahrungen und ordnen ihre Gedanken altem Wissen zu bzw. speichern neue Erkenntnisse ab. Sie riechen und schmecken etwas, was ihnen bei ihren Erkundungsaktivitäten auffällt und sind auch hier neugierig, was es mit den besonderen Gerüchen oder geschmacklichen Aspekten auf sich hat. Unter dem Aspekt, dass **die Motorik** – und damit auch die motorische Intelligenz – **von entscheidender Bedeutung für die weitere kognitive Entwicklung des Menschen ist,** wird verständlich, dass Kinder in die Bewegung kommen müssen! Sie richten ihre ganze Konzentrationsfertigkeit und Aufmerksamkeit auf ihr selbst gesetztes Ziel und die entsprechende Umsetzung. Tag für Tag! Eine Lebensgestaltung im Sessel vor dem Fernseher oder auf dem Stuhl vor dem Computer kann eine motorische Intelligenz in keiner Weise ersetzen oder überflüssig machen.

Dass eine solche Ausdrucksform – und je schneller, heftiger und sorgloser sie ausgeführt wird, desto unübersichtlicher wird ihr weiterer Verlauf für das Kind – auch gewisse Risiken mit sich bringt, ist selbstverständlich. Allerdings geht es in diesem Alter auch darum, Risiken kennenzulernen, Risiken einschätzen zu lernen und aus „Erfahrungen klug zu werden". Selbstverständlich in einem weitestgehend überschaubaren Rahmen. Die deutlich zunehmende **Tendenz einer Überbehütung** durch Erwachsene und einer Gefahrenabwehr von Kindern führt schnell dazu, dass Erwachsene sehr häufig die Kinder an lebensnotwendigen Erfahrungen hindern, indem sie beispielsweise schon im Voraus auf mögliche Gefahren und Risiken hinweisen. Etwa in der Form: „Lauf nicht so schnell. Du fällst sonst hin." Oder: „Klettere da nicht hoch. Du wirst Angst bekommen, wenn du dort oben stehst." Oder: „Spring nicht ständig von der Mauer herunter. Du wirst stürzen und dir sicherlich sehr wehtun." Wenn Kinder dies hören, ist es ihnen nicht mehr möglich, sich auf ihr Vorhaben angstfrei und konzentriert einzulassen. Es ist Kindern – ebenso wie den Erwachsenen – nicht möglich, auf der einen Seite ein gedanklich vorstellbares Bild angeboten zu bekommen und sich andererseits davon kognitiv und handlungsgesteuert zu lösen. Gedankenbilder lassen immer das sprachlich Angebotene in den Mittelpunkt rücken und das Kind wird sich in diesem Fall auf das „Negative" konzentrieren und gedanklich einlassen. Dadurch ist die Chance recht hoch, dass nun tatsächlich das passiert, was nicht geschehen soll(te). Ist es für Erwachsene definitiv absehbar, dass ein Unglück geschehen kann, ist es immer besser, wenn Erwachsene sogenannte konstruktive Hinweise geben wie zum Beispiel: „Wenn du langsamer läufst, kommst du auch ans Ziel." Oder: „Wenn du dir beim Hochklettern den Weg merkst, dann kommst du sicherlich auch gut wieder herunter." Oder: „Bleib vor dem Runterspringen kurz auf der Mauer stehen, schau, wohin du springen möchtest, und dann kommst du heil unten an." So lenken

Erwachsene die Aufmerksamkeit des Kindes auf ein sicheres Bewegungsverhalten.

Motorik und Selbstwertgefühl

Vieles, was Menschen in ihrem aktuellen und künftigen Leben bewirken, ist abhängig von ihrem Selbstwertgefühl, **weil für viele Gestaltungsvorhaben und lebensbedeutsame Tätigkeiten bestimmte Verhaltensmerkmale notwendig sind:** Mut aufbringen, Risikofähigkeit zeigen, Belastbarkeit besitzen, Anstrengungsbereitschaft einsetzen, eine eigene Meinung besitzen, Wesentliches von Unwesentlichem unterscheiden können und das Wesentliche, das oftmals schwieriger ist, in Angriff nehmen, auch unliebsame Entscheidungen treffen bzw. eigene Wünsche schon einmal zurückstellen können. Diese und weitere Persönlichkeitsaspekte sind abhängig von der Existenz und der jeweiligen Höhe eines individuell geprägten Selbstwertgefühls. Es wird davon ausgegangen, dass sich das **Selbstwertgefühl** in erster Linie aus kindeigenen Erfahrungen und Erlebnissen entwickelt, bei denen das Kind einerseits ein optimales Verhältnis zwischen seinem Selbst und seinem Ich-Ideal findet, eine Übereinstimmung mit seinem Gewissen erlebt, seine eigene Leistung erleben und selbst anerkennen kann und schließlich erfährt, dass seine Person mit Wertschätzung und Respekt behandelt wird. Schaut man nun einmal genauer auf die dem Selbstwertgefühl zu Grunde liegenden Faktoren, so wird schnell deutlich, dass es vor allem der Entwicklungsbereich „Motorik" ist, der für die Ausprägung dieses Persönlichkeitsfeldes verantwortlich ist. Wenn das Ich-Ideal einem Kind vorgibt, wie es gern sein möchte und was es am liebsten tun würde, und das Kind gleichzeitig die Möglichkeit hat, seine Handlungsvorstellungen, Absichten und Ideen auch tatsächlich umzusetzen, dann kommt es automatisch zu einer Deckungsgleichheit dieser beiden Pole. (Beispiel: Das Kind möchte gerne alleine auf einen Baum klettern um von einer entsprechenden Höhe auf seine kleine

Welt hinunterzublicken, weil es sich dadurch mutig und stolz erleben könnte. Das wäre sein Ich-Ideal. Die tatsächliche Umsetzung würde nun dem Kind die Erfahrung vermitteln, dass es das auch konnte, so dass es sich nun mit Mut und Stolz selbst bestärkt.) Wenn dasselbe Kind wenig später auf einer höheren Mauer steht und herunter springen möchte und gleichzeitig von seiner Mutter zu hören bekommt, dass es vor dem Springen kurz auf der Mauer stehen bleiben soll um den Aufsprungpunkt am Boden zu fixieren, dann wird das Kind das Gehörte wahrscheinlich umsetzen. Sowie es den Absprung gut abgeschlossen hat, wird sich das Kind selbst sagen, dass es gut war, den Hinweis der Eltern zu beachten. Und schon kommt es zu einer Übereinstimmung zwischen der Handlung und dem Gewissen. Wenn das Kind nun wenig später – ohne fremde Hilfe – auf einem umgestürzten Baumstamm im Wald balanciert oder im Sand eine großes Loch aushebt, am Strand eine überdimensionale Sandburg erstellt oder beim Anlegen eines Gartenweges hilft, Steine heranzutragen, dann wird das Kind im Anschluss an seine Anstrengungen mit Freude und Staunen auf seine Leistung blicken können. Ganz im Sinne seiner Überzeugung: **„Und das habe ich alleine geschafft.“** So kommt das Kind dazu, seine eigene motorische Leistung zu bewundern. Und werden schließlich seine motorischen Tätigkeiten, sein Durchhaltevermögen, seine Einsatzbereitschaft, sein Engagement von Erwachsenen wertgeschätzt, so erfährt das Kind Respekt und Achtung. Etwa in der Form, dass es merkt und denkt: „Ich bin gut. Meine Eltern freuen sich, dass ich so bin, wie ich bin. Wie schön, dass ich diese Eltern haben kann und wie wundervoll, dass meine Eltern mich lieb haben.“

Persönliche Hygiene

Untersuchungen belegen, dass Kinder – im Durchschnitt betrachtet – heutzutage tagsüber mit ungefähr 2 ¼ Jahren und nachts mit ca. 2 ¾ Jahren trocken und bis zum 4. Geburtstag sauber werden. Damit ein Kind in der Lage ist, Blase und Darm zu kontrollieren, bedarf es stets eines bestimmten Entwicklungsstadiums, bei dem die dafür notwendigen körperlichen Voraussetzungen gegeben sind. Sowohl das Trocken- als auch das Sauberwerden ergibt sich daher aus den körperlichen und seelischen Fähigkeiten, die ein Kind entwickelt hat und nun selbst in seine Lebensgestaltung integrieren will. Manche Eltern sind der Meinung, dass sie diese Vorgänge von außen steuern können, verbunden mit der sicherlich besten Absicht, ihrem Kind zu helfen, möglichst früh auch diesen schwierigen Entwicklungsübergang abschließen zu können. Doch zeigen auch hier vielfältige Untersuchungen, **dass das Sauberwerden weder vorgezogen noch erzwungen werden kann.** Auch helfen dabei weder in Aussicht gestellte Belohnungen noch angedrohte Strafen – diese verschärfen in der Regel das Geschehen. Vielmehr brauchen Kinder eine positive Atmosphäre und eine unterstützende Einstellung der Erwachsenen, die ihr individuell recht unterschiedlich geprägtes Bemühen aufgreifen und durch hilfreiche, entspannte Erläuterungen (zur möglichen Zeitplanung, zum möglichen Ort, zu den notwendigen Tätigkeiten, zur sinnvollen Abfolge dieser Tätigkeiten, mit den zur Verfügung stehenden Utensilien) zur Seite stehen. Wenn Kinder erleben, dass die Benutzung der Toilette ein gern genutztes Recht und keine unangenehme Pflicht ist, dass sie dort selbstständig zurechtkommen können und keine fremde Hilfe mehr brauchen, wenn sie tatsächlich sauber die Toilette verlassen und keine Kontrolle über sich ergehen lassen bzw. keine „lästigen Fragen" mehr ertragen müssen, dann werden sie es genießen, ihre **handlungsaktive Selbstständigkeit** immer wieder unter Beweis zu stellen.

Soziale Entwicklung

Der Wandel vom „Ich" zum „Wir"

Um die soziale Entwicklung von drei- bis sechsjährigen Kindern zu verstehen, muss zunächst auf das unmittelbar zurückliegende Alter kurz rückgeschaut werden: Kinder in den ersten 2 bis 2 ½ Jahren sind zunächst damit beschäftigt, ihr „Selbstkonzept" aufzubauen und zu entwickeln. Das bedeutet, dass sie sich mit ihren eigenen Möglichkeiten der Einflussnahme, ihren vielfältigen Wahrnehmungen und Beobachtungen auseinandersetzen und dabei die Ereignisse um sich herum und deren Bedeutung für das eigene Selbst in Beziehung setzen. Auf diese Weise entwickeln sie ein Bewusstsein für ihre Existenz und ihre erlebten/erlebbaren Gefühle. So finden Kinder nach und nach zu einem Selbst-Bewusstsein und bauen ihre individuell geprägte Ich-Identität in ihren Eckwerten auf. Würde man diesen Prozess aus Erwachsenensicht für Kinder formulieren, ergäben sich in etwa folgende Aussagen: „Langsam weiß ich immer besser, was ich kann und was ich nicht kann, was mir leicht und was mir schwer fällt, dass ich (so) bin, wie ich bin, dass ich will, was ich möchte, und dass ich fühle, dass ich fühlen kann." Aus diesem erlebten **existenziellen Selbst** und einem **ordnungsgesteuerten Selbst,** bei dem das Kind seine Umwelt in Kategorien unterteilen kann (etwa dass es „Kinder" und „Erwachsene", „Mädchen" und „Jungen", „Sommer" und „Winter" ... gibt), entsteht das Bedürfnis nach Unabhängigkeit und Selbstbestimmung – zwei außergewöhnlich wichtige Persönlichkeitsprozesse, die gerade für die weitere Persönlichkeits- und Schul-/Berufsentwicklung von tragender Bedeutung sind. Insofern ist es nachvollziehbar, dass Kinder in den knapp ersten drei Lebensjahren sehr intensiv mit sich selbst und ihrer eigenen Wertigkeit in dieser Welt beschäftigt sind. Folgerichtig zeigen Beobachtungen, dass Kinder dieses Alters auch mit Gleichaltrigen oder jüngeren bzw. älteren Kindern nicht wirklich in einer festen, längerlebigen sozialen Kommunikation verbunden sind. Kinder dieses Alters schauen eher anderen Kindern bei deren Tätigkeiten zu, nehmen sich auch von anderen das für sie interessante Spielzeug oder spielen parallel zu anderen Kindern. Dieser **frühkindliche Egozentrismus** dient der eigenen elementaren Grundbedürfnisbefriedigung nach Sicherheit, Liebe und Akzeptanz. Diese führt Kinder in den Folgejahren dazu, sich immer stärker aus dieser Ich-Konzentration lösen zu können. Mit dem vierten Lebensjahr vollzieht sich bei einem guten, konstruktiven Selbstbild ein Wandel. Nun merkt das Kind, dass es Freude macht, mit anderen Kindern zu kommunizieren und Handlungstätigkeiten gemeinsam zu gestalten.

Einfühlungsvermögen – die tragende Säule für soziales Verhalten

Einfühlungsvermögen ist nicht nur eine emotionale Leistung eines Kindes sondern auch eine gedankliche. Sie setzt voraus, dass ein Kind eine differenzierte Wahrnehmung zwischen sich und anderen vornehmen kann. Das heißt, wenn ein Kind sich seiner eigenen Gefühlsempfindungen bewusst ist und aufgrund seines vorhandenen Selbstbildes spürt und begreift, wie es ihm selbst dabei geht, dann kann sich das Kind auch in andere Kinder hineinversetzen mit dem Wissen, dass der andere Mensch traurig oder ängstlich, wütend oder fröhlich ist und was dies für den anderen bedeutet. Allerdings – und das ist sehr bedeutsam – entwickeln Kinder nur dann **diese empathische Fähigkeit**, wenn sie selbst in ihrer bisherigen Biographie die Erfahrung machen konnten, dass die wichtigsten Bezugspersonen in ihrem Leben – Eltern und Großeltern – ihnen mit Einfühlungsvermögen begegnet sind. Haben Kinder hingegen die Erfahrung machen müssen, dass ihre Gefühle weder bemerkt noch ernst genommen wurden, nur kurz beachtet, aber nicht wirklich „gespürt“ worden sind, bauen Kinder zum eigenen Selbstschutz Widerstände auf und unterdrücken immer stärker diese Vorstufe für ein „Mitgefühl bei sich und anderen“, bis es schließlich selbst nicht mehr gespürt wird.

Mit etwa vier Jahren schaffen es Kinder die **gefühlsmäßige Perspektive** – bezogen auf andere Menschen zu übernehmen. Wenn beispielsweise ein anderes Kind hingefallen ist und weint, sind sie in der Lage, dieses Gefühl von Trauer gedanklich zu erschließen. Sie wissen, was es bei ihnen selbst bedeutet, traurig zu sein und können nun auch eine **Übertragung** auf das Kind vornehmen. Emotional sichere Kinder gehen dann auf dieses Kind zu und versuchen es zu trösten. Emotional irritierte Kinder haben dagegen andere Verhaltensstrategien: entweder sie laufen weg, weil sie nicht wissen, wie sie mit dem Schmerz anderer umgehen sollen, oder sie entwickeln eine Art von Schadenfreude, weil sie selbst nicht davon betroffen sind. Auf diese Weise entlasten sie sich.

Nun verbringen die Kinder immer mehr Zeit mit Gleichaltrigen, die für sie auch eine immer größere Bedeutung erhalten. Haben die Kinder in der Zeit zuvor verstärkt den Kontakt zu Erwachsenen gesucht, sie teilweise regelrecht „in Beschlag" genommen und gar nicht aus den Augen gelassen, so verlieren Erwachsene immer stärker diese Beschützer- oder Mitspielerrolle. Dadurch, dass die Kinder **motorisch unabhängig** und gleichzeitig durch die Weiterentwicklung ihrer sprachlichen Fertigkeiten in der Lage sind, sich differenzierter auszudrücken, können sie mit anderen Kindern immer stärker in eine sogenannte echte, tiefe Kommunikation eintreten: So werden Wünsche an andere formuliert, Vorhaben beschrieben und eigene Gefühlserlebnisse benannt; es kommt zu gemeinsamen Absprachen und Hilfestellungen, es werden Strategien gemeinsam ausgehandelt oder Geschehnisse erklärt, Grenzen gesetzt oder Grenzen überschritten, um sie im Nachhinein zu rechtfertigen. Damit gehört das Nichtstun, das lange Zuschauen, was andere Kinder machen oder das stundenlange Einzelspiel grundsätzlich der Vergangenheit an, auch wenn Kinder in besonderen Situationen ab und zu noch einmal kurze Momente davon nutzen, um mit sich selbst etwas zu klären. So beherrschen das gemeinsame Spiel und das Miteinander-Zusammensein den größten Teil des Tagesablaufs eines Kindes.

Befriedigte seelische Grundbedürfnisse machen Kinder stark und sozial

Wie nun die gegenwärtige und weitere Sozialentwicklung verläuft, ist von außergewöhnlich vielen Einflüssen abhängig. Man kann – etwas vereinfacht, aber dennoch wissenschaftlich haltbar – folgende Aussage treffen: **„Je glücklicher und zufriedener ein Kind mit sich selbst ist, desto glücklicher und freundlicher geht es mit anderen Kindern um!"** Die Frage, warum dies so ist, kann recht schnell beantwortet werden. Jedes Kind hat ganz bestimmte seelische Grundbedürfnisse, durch deren Befriedigung/Sättigung bestimmte Fähigkeiten und Fertigkeiten bei Kindern aufgebaut werden. Dabei können seelische Grundbedürfnisse mit den Worten **„persönlichkeitsbildende Entwicklungsnotwendigkeiten"** beschrieben werden. So brauchen Kinder für ihre Tätigkeiten und Beobachtungen beispielsweise **ZEIT,** um andere Kinder und deren Handlungstätigkeiten wahrzunehmen, zu verstehen, in ein Ordnungsschema einordnen und für sich bewerten zu können. Sie brauchen **RUHE,** um sich mit sich selbst beschäftigen zu können, um Erlebnisse zu verarbeiten, um spannungsfrei mit anderen in Spielhandlungen einzutreten. Sie brauchen **LIEBE,** um sich selbst sehr intensiv wahr- und anzunehmen, damit sie in der Lage sind, in gleichem Maße Empathie für andere aufzubringen. Sie brauchen **VERTRAUEN,** um mit selbst erlebter Stärke auf andere Kinder zuzugehen und sich gleichermaßen vertrauensvoll auf eine Beziehung mit ihnen einzulassen. Sie brauchen **VERSTÄNDNIS,** um auch andere Kinder, ihre Absichten und dahinter liegenden Motive zu verstehen. Sie brauchen **SICHERHEIT,** um mit möglichst wenig Angst oder Misstrauen auf andere Kinder zugehen zu können. Sie brauchen **BEWEGUNG**, um durch ihre spielaktiven Handlungsweisen Anstrengungsbereitschaft aufzubauen und sie brauchen **INTIMITÄT,** um auch im Umgang mit anderen Kindern deren Grenzen und Grenzsetzungen zu achten. Sie brauchen **MITSPRACHE** im Alltag (wohlgemerkt: kein Entscheidungsrecht!), um auf diese Weise selbst ein eigenes Wertigkeitsempfinden zu erhalten und es an andere Kinder weiterzugeben. Sie brauchen immer wieder aufs neue **ERFAHRUNGSRÄUME,** damit sie ihre eigenen Talente und Entwicklungspotenziale entdecken und damit auch die besonderen Talente anderer Kinder zu schätzen wissen. Sie brauchen vielfältige **GEFÜHLSERFAHRUNGEN,** um in die Lage versetzt zu werden, eigene Gefühle zu erleben und zu bemerken, dass sie ein fester Bestandteil des Lebens sind. Dadurch gestatten sie auch anderen Kindern, ihre Gefühle auszudrücken sodass sie verstehen, warum auch andere Kinder beispielsweise ängstlich, wütend oder besonders fröhlich sind. Kinder brauchen ein **GESCHLECHTSBEWUSSTSEIN,** um zu ihrer eigenen Geschlechtsidentität zu finden und zu lernen, dass Mädchen und Jungen einen gleich hohen Wert besitzen, dass es gut ist, sich selbst als Mädchen oder Junge zu akzeptieren und dass es eine gute Ergänzung ist, miteinander zu spielen, auch wenn beispielsweise gerade Jungen im Kindergartenalter Jungen eindeutig als Spielpartner vorziehen. Kinder brauchen die wichtige Erfahrung von **GEWALTFREIHEIT,** um sich beispielsweise auf unbekannte Situationen einlassen zu können, damit sie es nicht nötig haben, Gewalterfahrungen in der Kommunikation auf andere Kinder zu übertragen. Sie brauchen vielfältigste Möglichkeiten, ihrer **NEUGIERDE** und ihrem **INTERESSE** nachgehen zu können, um gerade auch mit anderen Kindern neue und wichtige Erfahrungen zu sammeln und gleichzeitig bisherige Sicht- und Handlungsmuster zu erweitern, eventuell entstandene Vorurteile abzulegen und sich selbst in die Lage zu versetzen, gemeinsam mit anderen auf die „Entdeckungsreise des Lebens“ zu gehen. Sie brauchen **OPTIMISMUS,** um erlebte Misserfolge leichter wegzustecken und gerade auch im Spiel mit anderen immer wieder Neuanfänge zu entdecken, um das gemeinsame Spiel in Gang zu halten. Schließlich brauchen Kinder **RESPEKT** und **ACHTUNG,** durch die sie erfahren, dass sie für ihr Umfeld etwas „Wertvolles“ sind. Das macht Kinder stark und motiviert sie, auch anderen mit Respekt zu begegnen.

Die hohe Bedeutung des Spiels für den Ausbau der sozialen Entwicklung

In Anlehnung an viele bedeutsame Spieleforscher trifft folgender Satz zu: **„Das Spiel ist der Beruf des Kindes.“** Kinder müssen und wollen in diesem Alter sehr viel spielen und für sie unterscheidet sich nichts zwischen Spiel und Arbeit. Beide Tätigkeiten sind für das Kind identisch. Das Spiel ist das Zentrale in seinem Leben, weil es dadurch z. B. versucht, sein Umfeld in sein eigenes Denken einzubeziehen, weil es dadurch freudvoll seine „lebendige Existenz" spürt und nach seiner Spieltätigkeit eine tiefe Form von seelischer Befriedigung erfahren kann. Etwa in dem Gedanken: „Das war gut! Nun bin ich voll und ganz zufrieden! Wie wundervoll, dass ich das heute mit meiner Freundin/meinem Freund gespielt habe." **Das Spiel lebt dabei aus einer Dramaturgie heraus:** Es gibt eine Idee, es wird etwas begonnen, es kommt zu einem Spielhöhepunkt – einem länger anhaltenden Glückgefühl – und einem Ende. Durch die eigene Spielgestaltung konnten Vorstellungen aktiv umgesetzt, neue Ideen ausprobiert, schwierige Situationen bewältigt, angenehme Erfahrungen wiederholt und gleichzeitig unendlich viele, neue Fähigkeiten eingesetzt, probiert und geübt werden. So kommt es zur Verfeinerung des groß angelegten Bauspiels, zu spannenden und lebendigen Entdeckungs- und Wahrnehmungsspielen, zu komplizierteren Konstruktionsspielen, zu phantasievollen Gestaltungsspielen mit den unterschiedlichsten Materialien, zu spannungsgeladenen Bewegungsspielen, zu Aggressionsspielen, die mit einem kräftigen Austoben verbunden sind, zu Theater- und Märchenspielen, zu einer Reihe von sozial geprägten Regelspielen und vor allem zum Rollenspiel. Hier übernehmen Kinder ganz reale oder auch fiktive Rollen, die sie sich selbst ausgedacht oder aus den Medien entnommen haben. Damit alle diese Spielformen in einer für die Kinder befriedigenden Form ablaufen und gelingen können, müssen Kinder sich miteinander absprechen, Regeln aufstellen und ggf. aushandeln, ihre Handlungsabläufe aufeinander beziehen und ausrichten sowie immer wieder brauchbare Spielstrategien entwickeln. Darüber hinaus schafft das Rollenspiel eine Atmosphäre, in der Kinder auch unverarbeitete, in der Vergangenheit zurückliegende Erlebnisse verarbeiten, Wünsche konkretisieren und eigene Hoffnungen formulieren. Was aber auch nicht vergessen werden darf: **Kinder in diesem Alter lieben Wett-**

kampfspiele! Die einkalkulierte Möglichkeit, ein Spiel zu verlieren oder zu gewinnen, sich mit anderen Kindern zu vergleichen und zu messen und dabei hoffnungsvoll an das Siegen zu denken, schafft ein besonderes Maß an Spannung. Sichere, optimistisch ausgerichtete Kinder werden dabei einen Spielsieg genießen ohne den Verlierer zu demütigen und die Verliererrolle übernehmen ohne beleidigt zu sein oder sich resigniert aus dem Spiel zu verabschieden. Dies zeigt sich auch in weiteren sozialen Kompetenzen der Kinder: Sie können sich auf andere Menschen einstellen und sind in der Lage, auch Konflikte konstruktiv zu regeln; sie beherrschen die Fähigkeit, sich einerseits für soziale Aspekte zu engagieren, können Beziehungen aktiv mitgestalten, übernehmen Verantwortung für ihr Tun, setzen sich mit berechtigter Kritik auseinander, sind offen für hilfreiche Anregungen, können eigene Wünsche und Vorstellungen mit denen ihrer Sozialpartner abgleichen und haben Kontrolle über ihre Gefühle. Aus all den Informationen kann geschlossen werden, dass die vielfältigen sozialen (Spiel-)Aktivitäten sowohl den **Nährboden für eine positive Schul- und Berufsentwicklung** bilden als auch einen entscheidenden Einfluss auf die weitere Persönlichkeitsentwicklung haben.

Körperpflege

Da sich die Kinder immer weiter in eine Phase der Selbstständigkeit und der weiteren Unabhängigkeit bringen möchten, erfüllt es sie auf der einen Seite mit Stolz, wenn sie auch im Bereich der Körperpflege viele Dinge alleine durchführen können. Auf der anderen Seite wollen sie es aber auch noch genießen, wenn bei bestimmten körperpflegenden Tätigkeiten wie Haare waschen oder duschen das ganze in einer liebevollen und atmosphärisch angenehmen Gemeinschaft mit den Eltern(-teilen) erlebt werden kann. Unter diesem Gesichtspunkt betrachtet sollten Erwachsene diesen beiden Aspekten eine gleichwertige Bedeutung zukommen lassen und sich bemühen, den ganzen Bereich der Körperpflege nicht nur unter dem Schwerpunkt

„gesundheitsorientierte Körperpflege“ zu sehen, sondern auch den kommunikativen Teil zu pflegen.

Kognitive Entwicklung

Die kognitive Entwicklung von Kindern verläuft individuell

Das Kind konstruiert sein Denken, sein Wissen und damit **seine individuell geprägte Welt selbst,** indem es sich seine Vorstellungen von sich selbst und dem gesamten Universum aus eigenen Ideen und Vorstellungen aufbaut und zusammensetzt. Diese entwicklungspsychologische Erkenntnis ist im Hinblick auf die kognitive Entwicklung von Kindern sehr bedeutsam, weil sie damit gleichzeitig unterschiedliche Aussagen gestattet. Zum einen wird dadurch deutlich, dass Kinder nicht von außen „belehrbar“ sind. Vielmehr muss in einem Kind selbst der starke Wunsch vorhanden sein, sich mit bestimmten Dingen auseinanderzusetzen. Zum anderen kommt dadurch die Aussage zustande, dass es keine allgemeingültigen Gesetzmäßigkeiten im Hinblick auf die kognitive Entwicklung von allen Kindern in ganz bestimmten Alterszeiten geben kann. So ist es verständlich, dass das eine Kind in einem bestimmten Alter etwas anderes in kognitiver Hinsicht zu leisten vermag als ein vergleichbar anderes Kind im selben Alter. Und schließlich entwickeln Kinder sehr unterschiedliche Wege im Aufbau ihrer Logik, wenn es darum geht, unbekannte Dinge zu erklären oder bisher nicht bekannte Aufgaben zu lösen. Heutzutage wird in der modernen Entwicklungspsychologie daher auch **nicht mehr in festgelegten, allgemeingültigen Entwicklungsstufen gedacht** und es versteht sich daher von selbst, dass kognitiv orientierte Vergleiche von gleichaltrigen Kindern nicht mehr vorgenommen werden (sollen).

Sprache ist der Schlüssel zur Welt

Im Alter ab 1 ½ Jahren, in dem Kinder die 50-Wort-Grenze erreichen, lernen sie nun außergewöhnlich schnell viele neue Wörter (kennen). Die Wissenschaft geht davon aus, dass Kinder innerhalb von 16 Jahren einen ungefähren Wortschatz von ca. 60.000 Wörtern besitzen. Würde man an dieser Stelle eine Wort-Rechnung aufstellen, bedeutet diese Zahl, dass täglich etwa neun Wörter hinzukommen müssen. Und während Kinder vor allem in der Altersstufe zwischen 2 ¼ und 2 ¾ Jahren damit beginnen, vermehrt Verben und Adverbien zu nutzen, befindet sich das Kind im dritten Lebensjahr in einer überaus aktiven Phase, sein Sprachverständnis zu erweitern und seine Sprachnutzung immer differenzierter zu gestalten. Nicht nur in diesem Alter kommt dabei der Kommunikationsfreude und der Sprachbereitschaft der Erwachsenen eine besonders große Bedeutung zu, weil Kinder aus ihrer eigenen Sprachentwicklung heraus darauf angewiesen sind, sprechfreudige und sprachinteressierte Erwachsene um sich zu haben. Das setzt beispielsweise voraus, dass Erwachsene in viele Sprachdialoge mit Kindern treten, dass sie Kindern aufmerksam und interessiert zuhören und wenn nötig ihren sprachlichen Ausdruck begleiten, dass sie Rückfragen stellen und kindliche Aussagen aufgreifen und wenn nötig ausführlicher kommentieren, dass sie vor allem selbst eine gepflegte Sprechweise zu schätzen wissen und Kindern damit gute, nachahmenswerte Sprachvorbilder sind. Nur durch das **Gespräch** kann sich **Tag für Tag** der Wortschatz erweitern, die sinnvolle Bedeutung von Sprachaussagen erschließen lassen oder eine entsprechend korrekte Grammatik aufbauen. Nun beginnen Kinder auch die verschiedenen Zeitformen der Verben zu nutzen, was vor dem dritten Lebensjahr noch nicht zu erwarten ist. Sie beginnen Mengenverhältnisse deutlich zu erfassen und differenziert sprachlich einzusetzen und genaue(re) Zeitvorstellungen zu entwickeln. Da Kinder mithilfe der Sprache die Welt um sich herum immer genauer verstehen wollen, stellen sie außergewöhnlich viele Fragen. Dabei kommt sicherlich der emotionalen Ausgeglichenheit und eigenen Neugierde eine große Bedeutung zu. Doch Kinder wollen mit diesen Fragen nicht nur Neues erfahren und ihr bisheriges Wissen ergänzen. Sie wollen über bestimmte Dinge Sicherheit bekommen, um diese Informationen auch auf lange Sicht zu behalten. Sie möchten auch die Gewissheit bekommen, dass es in ihrem Leben Personen gibt, die Interesse an ihnen haben, von denen sie etwas „lernen" können und die für sie da sind, wenn sie aus Sicht des Kindes gebraucht werden. Doch Sprache hat nicht nur mit Sprechen zu tun. Mit ihr sind viele andere geistige Funktionen eng verbunden, beispielsweise das Denken, das Planen von Vorhaben, das Erfassen von Sinnzusammenhängen, das genaue Verstehen von Begriffen, das logische Erschließen von Konsequenzen und das Lösen von Problemen, indem Kinder z. B. unterschiedliche Lösungsstrategien aussprechen und immer wieder neu durchdenken. Die Sprachentwicklung erleichtert und unterstützt damit schwierige kognitive Leistungen. Doch darf aus dieser Aussage z. B. nicht der Rückschluss gezogen werden, dass Überlegungen und Denken ohne Sprache unmöglich wären. Kinder mit Hör- und Sprachbehinderungen sind selbstverständlich auch in der Lage, kognitive und intellektuelle Herausforderungen zu meistern. Allerdings sind diese immer mit einem deutlichen Mehraufwand bei jeder weiteren Entwicklung verbunden.

Kindeigenes Denken

Während sich Kinder bis ungefähr zum 3., manches Mal auch bis zum 4. Lebensjahr für den „Mittelpunkt der Welt" halten und sie sich auch noch nicht in die Ansichten anderer Menschen hineinversetzen können, sind sie nun verstärkt in der Lage, die gedankliche Perspektive anderer zu übernehmen. Das heißt: Das Kind kann sein Denken, Fühlen und Handeln von dem eines anderen Menschen lösen und damit **zwei Welten unterscheiden,** auch wenn es häufig noch darüber überrascht ist, dass es diese zwei Welten gibt. Ein kleines Beispiel: Während sich die Eltern über den Sommerregen freuen, weil sie den Garten nicht gießen müssen, kann das Kind über den verregneten Tag sehr ärgerlich sein, weil es dadurch nicht draußen spielen kann. Kinder begreifen damit immer besser, dass es unterschiedliche Denkvorgänge und Bewertungsstrategien über einen und denselben Vorgang gibt und dass sich die eigene Einschätzung einer Situation durchaus von der Einschätzung anderer abheben kann. Beobachtungen haben gezeigt, dass Kinder mit vielen Sozialbezügen – z. B. durch Geschwisterkinder oder durch einen festen Kontakt zu Freunden oder Freundinnen – besser in der Lage sind, diese perspektivische Sicht **„aus den Augen eines anderen Menschen"** vorzunehmen. Es macht vielen Kindern in diesem Alter Freude, sogenannte Fantasie- und Fiktionsspiele zu erleben, bei denen sie mit ihren eigenen gedanklichen Vorstellungen, Wünschen und Hoffnungen, Abneigungen und Ängsten in unterschiedlichste Handlungsaktivitäten eintreten: So werden Stühle und Tische in einem Raum zu einer Mondsonde umfunktioniert, Stoffe und große Papierbahnen dienen Kindern als Grundlagenmaterial für den Bau großer Berge, ein weißer Umhang macht aus einem Mädchen eine Ärztin und eine Blech- oder Lederrüstung lässt einen Jungen zu einem stolzen Ritter werden. So konstruieren Kinder ihre eigenen Gedanken in die Blickwinkel um, die für sie aufgrund ihres derzeitigen besonderen Interesses nützlich sind. Dabei scheinen häufig „Realität und Fantasie" zu verschwimmen. Wenn Kinder Tiere, z. B. Pferde darstellen, so möchten sie auch an der Leine herumgeführt werden und auf dem Boden liegende Papierstreifen werden zu Gras, das sie im Sinne eines „So-tun-als-ob"-Spiels auch futtern. War man bis vor wenigen Jahren noch der grundsätzlichen Ansicht, dass Kinder in dem Alter noch nicht in der Lage sind, Spiel und Realität oder Gegenstände von Lebewesen zu unterscheiden, so belegen neueste entwicklungspsychologische Untersuchungen, dass Kinder dies auch schon in jüngeren Jahren können. Dennoch brauchen Kinder ihre **„magische Welt"** – sowohl gedanklich als auch im Spiel. Zauberer, Gespenster, Drachen oder andere fliegende Ungeheuer nutzen Kinder gerne in ihrer Gedankenwelt, um ihre eigenen Ängste an ihnen festzumachen und damit im wahrsten Sinne des Wortes zu begreifen. Sie stellen sich damit ein **„personifiziertes Unbehagen"** vor. Indem sie sich nun sprachlich, gedanklich und handlungsorientiert damit auseinandersetzen, beginnt in den meisten Fällen eine aktive Verarbeitungshilfe, eine Art der Selbstheilung. Erwachsene sollten daher diese Form des kindeigenen Denkens und Handelns nicht unterbrechen oder gar einem Kind „auszutreiben" versuchen, weil ihnen dadurch die wichtigen und hilfreichen Mittel zur Selbstauseinandersetzung genommen werden. So ist es auch verständlich, dass viele Kinder in diesem Alter Märchen schätzen und sich immer wieder von ihnen angezogen fühlen. Je älter Kinder werden und je umfassender ihr Wissen über bestimmte Vorgänge wird, desto besser und differenzierter können sie zwischen Fantasie und Wirklichkeit, Traum und Realität unterscheiden. Manches Mal scheint es so zu sein, dass Kinder aus ihrem fantastischen Denken auch gerne ein Gedanken- und Sprachspiel mit Erwachsenen machen. So kann es passieren, dass ein Kind auf seine Suppe, die es gar nicht mag, schaut und verschmitzt zu den Eltern sagt: „Gerade hat mir meine Suppe erzählt, dass sie viel lieber im sauberen Teller bleiben möchte als in meinem Magen, weil es da so dunkel ist und meine Suppe davor Angst hat." Erwachsene, die das magische Denken der Kinder nachvollziehen können, werden sicherlich eine entsprechend fantasievolle Antwort parat haben wie beispielsweise: „Und mir hat deine Suppe gerade ganz leise zugeflüstert, dass sie ganz neugierig auf deinen Magen ist und sich freut, ihn kennenzulernen. Außerdem ist es da ganz warm und hier draußen fängt deine Suppe an zu frieren." Die Wissbegierde der Kinder, ihre Ausdauer, ihre hohe Anstrengungsbereitschaft und ihre intensive Konzentrationsfertigkeit verlangen danach, auch jeden Tag mit **altersgemäßen Herausforderungen** konfrontiert zu werden. Dadurch lernen Kinder bisherige Entwicklungsgrenzen zu überschreiten und weiterzuentwickeln und sie mögen es, wenn Erwachsene ihnen dabei viele Dinge zutrauen. Allerdings ist auch bekannt, dass sich kognitive

Prozesse gerade **nicht in künstlichen Lernsituationen** oder in vorgezogenen „vorschulischen Lerneinheiten“ erzeugen lassen, sondern vor allem in aktiven und vielfältigen Spielsituationen mit Gleichaltrigen, älteren oder jüngeren Kindern und Erwachsenen. Im Zuge der aktuellen Bildungsdiskussion werden oftmals Hoffnungen vonseiten der Erwachsenen geäußert, dass ein „kindgerechter, vorschulischer Lernstoff“ die Kinder vor allem kognitiv fördere. Dabei spielt auch die Angst der Eltern eine Rolle, dass eine ungenutzte Zeit den Kindern in ihrer kognitiven Entwicklung schadet. Doch gibt es in der gesamten wissenschaftlichen Forschung keinen Beweis für diese Annahme. Vielmehr ist das Gegenteil der Fall! Solche im Vorwege „geförderten Kinder“ beginnen die Schulzeit eher mit Versagensängsten und einer eingeschränkten Lernfreude. In der Lernpsychologie wird stattdessen von einem „Lernen nebenbei“ gesprochen. Das heißt, dass Kinder vor allem dann mit all ihren Sinnen dabei sind, wenn es (Spiel-) Tätigkeiten sind, die vielfältige und gleichzeitig neuartige Handlungserfahrungen zulassen. Werden solche Informationen dem Gehirn angeboten und stoßen sie dabei auf bereits verinnerlichte Speicherplätze, so ist die Chance besonders hoch, dass neue Vernetzungen entstehen. **Kognitive Vorgänge ergeben sich aus herausfordernden motorischen, sozialen und emotional geprägten Tätigkeiten,** von denen sich das Kind außergewöhnlich stark angesprochen fühlt, wobei es gar nicht bemerkt, dass wichtige kognitive Leistungsanforderungen von außen gestellt werden. Solche Situationen entstehen gerade im Spiel oder in beziehungsnaher, intensiver Kommunikation. Wenn also das Kind in einer kognitiven und motorischen Leistung steckt und diese aktuelle Tätigkeit als seine individuelle Aufgabe ansieht, entwickelt es die eigene, tiefe Motivation zur Lernauseinandersetzung mit **dem selbst gewählten „Lern“stoff**. Kinder, die eine gute Spielfähigkeit besitzen, bringen auch im Hinblick auf ihre weitere Entwicklung stets eine gute Schulfähigkeit mit. Es hat sich gezeigt, dass gerade diese Kinder eine gute Aufmerksamkeit, eine hohe Konzentrationsfertigkeit sowie eine ausgeprägte Wahrnehmungs- und

Beobachtungsfähigkeit besitzen, dass sich diese Kinder mit Interesse neuen Aufgaben zuwenden und in der Lage sind, Sinnverbindungen zwischen unterschiedlichen Merkmalen zu erkennen, eine bessere Systematisierung in der Erledigung von Aufgaben zeigen und vor allem eine höhere Anstrengungsbereitschaft an den Tag legen. Das Problem besteht heute darin, dass viele Kinder eine eingeschränkte Spielfähigkeit besitzen, mit der Folge, dass sie damit auch eine eingeschränkte Schulfähigkeit aufweisen. So hat der griechische Philosoph Heraklit schon vor 2500 Jahren einmal gesagt: **„Lehren heißt nicht, ein Fass füllen, sondern eine Flamme entzünden.“**

Körperpflege und Mundhygiene

Kinder können in dieser Altersspanne durchaus mit zunehmendem Alter die Notwendigkeit für ganz bestimmte Zuständigkeiten ihrer Körperpflege einsehen und verstehen. Dafür sind kindgerechte Erklärungen und die Vermittlung von Hintergrundwissen hilfreich. Das Bild eines geöffneten Mundes mit kariösen Zähnen kann ihnen zum Beispiel das Prinzip von Ursache und Wirkung verdeutlichen: Fehlende Mundhygiene führt zu kaputten Zähnen. Kinder haben ein Interesse daran, Ursachen und Wirkungen zu sehen und zu begreifen. Entwicklungspsychologische Forschungen haben gezeigt, dass Kinder viele Dinge nicht ernst nehmen oder sogar ablehnen, weil es ihnen häufig an bereichsspezifischem Wissen fehlt. Selbstverständlich gelten diese Aussagen nicht nur für die Mundhygiene, sie beziehen sich gleichermaßen auch auf die Körperpflege allgemein. Doch bei allen Erwartungen und Anforderungen an das Kind darf nicht vergessen werden, dass eine authentisch gelebte Vorbildfunktion immer noch eine größere Rolle spielt als bloßes Erklären.

Gibt es tatsächlich sogenannte Entwicklungsgesetze?

Ohne Frage entsteht das individuelle, spezifische Verhalten eines Menschen aus einer nahezu unüberschaubaren Menge von **früh-kindlich bedeutsamen Einflüssen,** denen sie in ihrer frühen Entwicklungszeit ausgesetzt sind. Gleichzeitig kann es aber auch *keine* monokausalen (= eingründigen) Erklärungen *für einzelne, ganz besondere und spezifische* entwicklungspsychologische Phänomene geben. Sogenannte lineare Entwicklungstheorien oder Erklärungsmuster wie beispielsweise „ängstliche Erwachsene prägen ängstliche Kinder", „Erwachsene, die in der Kindheit misshandelt wurden, werden auch eigene oder anvertraute Kinder misshandeln", „eine durch Gewalt geprägte Umwelt lässt Kinder automatisch gewalttätig werden", „verantwortungsbereite Kinder kommen aus verantwortungsvollen Elternhäusern" oder „Erwachsene, die mit viel Rücksicht ihre Kinder erziehen werden rücksichtsvolle Kinder hervorbringen" haben eine lange Tradition. Sie entstammen vor allem den *Konzepten der Identifikation* (S. Freud), d. h. dass Kinder gleiche oder zumindest sehr ähnliche Verhaltensweisen übernehmen wie die der Erwachsenen bzw. im Sinne eines *Wiederholungszwangs* gleiche Ausdrucksformen zeigen müssen oder vor allem über das Modelllernen ihren Ausdruck finden. Solche **„Alltagstheorien" können** im Einzelfall zutreffen, sind aber durchweg zu einfache Erklärungsversuche und können in keinem Fall wissenschaftlichen Untersuchungen als „Regelfall" standhalten.

… und dennoch: Es gibt grundlegende Entwicklungsgesetze

Und dennoch soll an dieser Stelle der Versuch gewagt werden, einige *grundsätzliche* Entwicklungsgesetze „auf den Punkt zu bringen". Dabei zielen die nachfolgenden Gesetzmäßigkeiten *nicht* auf einzelne, spezifische Besonderheiten der Entwicklungspsychologie ab, sondern auf *basale* (= grundlegende) Erkenntnisse, die dazu dienen können, *Ansatzpunkte* für die praktische Arbeit zu liefern (vgl.: Haug-Schnabel + Schmid-Steinbrunner, 2002; Krenz, 2010).

- Die Entfaltung der unterschiedlichen Ressourcen, die Kinder zur Verfügung haben, hängt in starkem Maße von den jeweiligen **Entwicklungsbedingungen** ab, die auf ein Kind einwirken und die sich dabei entwicklungsförderlich oder entwicklungshinderlich auf die Persönlichkeitsentfaltung auswirken können.
- Die **vielfältigen Fähigkeiten und Fertigkeiten,** die ein Kind in seinen unterschiedlichen Entwicklungsbereichen prozessual zum Ausdruck bringen kann, können sich **unabhängig voneinander** in ihrer Ausprägung entwickeln.
- Da bestimmte Entwicklungsbereiche miteinander vernetzt sind (z. B. Nutzung von Begabungen: Ausprägungsgrad der intrinsischen Motivation; Ausbau der Sprachfähigkeit; Ausprägungsstärke der kognitiven Interessenlagen), dürfen **Entwicklungsschritte in unterschiedlichen Entwicklungsbereichen** nicht **getrennt voneinander** betrachtet werden.
- Die Entdeckung und Nutzung der unterschiedlichen Entwicklungspotenziale durch das Kind ist immer von **dreierlei Faktoren** abhängig: der **Impulsgebung und Anregung** durch beziehungsgeprägte Erwachsene und Gleichaltrige, den **entwicklungsförderlichen und -unterstützenden** (= soziokulturellen) **Lebensbedingungen,** unter denen ein Kind aufwächst sowie den **anstrengungsbereiten Handlungsimpulsen** durch das Kind selbst.
- **Die ersten Lebensjahre prägen die Baustruktur der Großhirnrinde** – sie entscheidet über die gesamte weitere psychosoziale Entwicklung des Menschen, seine eigene Persönlichkeitsentwicklung, seine Kommunikationsstruktur und seine Interaktionsvielfalt.

- Kinder müssen während ihrer gesamten Entwicklung unterschiedliche Aufgaben und Herausforderungen meistern, um aus erfolgreich absolvierten Lernprozessen in neue Entwicklungsaufgaben und Entwicklungsschritte gelangen zu können.

- Wird eine **Bindung** zu einem Erwachsenen von dem Kind als **sicher, vertrauensvoll und zuverlässig** erlebt, kann diese Tatsache als **grundlegend** für das Kind und seine Entwicklung eingeschätzt werden, wodurch es sich in die Lage versetzt fühlt, sich und seine Umgebung **wahrnehmungsoffen** zu betrachten, Wahrnehmungsimpulse aufzunehmen und mit diesen Wahrnehmungsangeboten etwas zu tun.

- Eine vom Kind empfundene **„innere Sicherheit“ ist die Grundlage** für alle Entwicklungsvorgänge, die darauf abzielen, selbstaktiv und intrinsisch motiviert neue Handlungsschritte zu unternehmen.

- **Beziehungsnöte, Bedrohungsängste, Trennungserlebnisse, Auslieferungserlebnisse und Ohnmachtserfahrungen** führen Kinder – über einen längeren Zeitraum erfahren – in ein Gefühl der „inneren Heimatlosigkeit“. Diese Nöte, Ängste, Erlebnisse und Erfahrungen fördern Gefühle wie Einsamkeit, Schuldgefühle, Wehrlosigkeit und Verlassenheit und tragen dazu bei, dass **Identitätsstörungen** ebenso die Folge sind wie regressive, aggressive oder gewaltorientierte Abwehrmechanismen.

- **Neugierde** („Was gibt es Neues zu entdecken?“), **Erkundungsinteresse** („Wozu ist das da, woraus besteht das, wieso sieht das so aus?“) und **Lernmotivation** („Was kann ich damit Neues anfangen?“) sind die **Grundvoraussetzungen für Lernvorgänge** – sie liegen in der Entwicklung der Kinder selbst, sodass es immer wieder darum gehen muss, das Neugierdeverhalten von Kindern aktiv zu unterstützen. Dies ist genau das Gegenteil von der früher verbreiteten pädagogischen These, dass es gut sei, die Neugierde z. B. durch Antworten von Erwachsenen zu befriedigen.

- Kinder sind nur dann in der Lage, **nachhaltige Entwicklungsfortschritte** zu verinnerlichen, wenn sie die Möglichkeit erhalten, *Handlungen zu vollziehen* und dies möglichst häufig erleben (= für sich selbst bestätigend erfahren). **Kinder „lernen" nicht durch kognitiv formulierte Informationen oder Gespräche.**

- Kinder, die schon von Geburt an eine angeborene Ressource zur Bildung von Theorien besitzen und gleichzeitig hochleistungsfähige Lernmechanismen zur Verfügung haben, begeben sich nur dann in „Lernauseinandersetzungen", wenn sie den Eindruck gewinnen, die zu vollziehende Handlung besitze für sie **in diesem Augenblick einen Wert.** Solche „Handlungsbeschäftigungen" besitzen nachweislich einen *nachhaltigen Lerneffekt* im Unterschied zu „Lernangeboten" durch Erwachsene, die *glauben oder hoffen,* dass ihre „Lernangebote" einen „Lernwert" haben sollten/müssten.

- Bildung und Lernen als persönlichkeitserweiternde Entwicklungsvorgänge können nur dann und dort wirksam werden, wo sich Kinder **mit** eigener **Initiative und in einer sozial angenehm geprägten Interaktion** „mit Herz, Hand und Verstand", sich der Spiel-, Sprach-, Handlungs- und Gedankenauseinandersetzung stellen.

- Die unterschiedlichen Lernstrategien und Lernauseinandersetzungen der Kinder zeigen vor allem dann einen hohen *Lernwert*, wenn sich die ***vorherrschende Atmosphäre*** zum Zeitpunkt der Handlungserlebnisse für das Kind weitestgehend **angstfrei und „locker"** darstellt.

- **Leistungsmotivation** und **Anstrengungsbereitschaft**, zwei grundlegende Merkmale einer lebenskompetenten Persönlichkeit, entwickeln sich bei Kindern vor allem durch **Lebensfreude** und **eine tiefe seelische Zufriedenheit.**
- In dem Maße, in dem jeweils eines der **vier Grundgefühle** des Menschen – Freude, Angst, Trauer, Wut – besonders stark ausgeprägt ist, in dem Maße bildet dieses ausgeprägte Grundgefühl die **Basis für das Selbstkonzept.**
- Gewinnt das Grundgefühl Angst Oberhand über eine Person, so ist diese entweder darauf ausgerichtet, aktuelle Verhaltensweisen zu sichern und neue Handlungsschritte, die eine persönliche Entwicklung mit sich bringen könnten, abzuwehren oder sich auf alle neuen Herausforderungen einzulassen und aktuellen Erwartungen vorschnell nachzukommen, in der Hoffnung, dadurch der „aktuellen Angst" entfliehen zu können.
- **Selbstwert besitzende Kinder** haben die ausgeprägte Tendenz, Aufgabenstellungen **selbst meistern** zu **wollen** – um der Aufgabe willen und um sich selbst den Beweis zu liefern, schwierige Herausforderungen meistern zu können. Dabei geht es ihnen *nicht* darum, Anerkennung durch andere Personen zu bekommen.
- Selbstwert besitzende Kinder haben in den meisten Fällen ein **ausgeprägtes Sozialverhalten, eine hohe Wahrnehmungsoffenheit für neue Situationen und eine sehr geringe Vorurteilsbereitschaft**. (Hier trifft das Motto zu: „Nur wer mit sich selbst wirklich glücklich ist, kann glücklich und zufrieden mit anderen Menschen umgehen.")
- Selbstwert besitzende Kinder besitzen vor allem die **kognitive Kompetenz,** Wesentliches von Unwesentlichem, Wichtiges von Unwichtigem und Bedeutsames von

> Unbedeutsamem bei aktuellen Aufgabenstellungen und Lebensherausforderungen zu unterscheiden. Im Bereich der emotionalen Kompetenz ist es die Ruhe und Belastbarkeit, die es ihnen möglich macht, Wahrnehmungsoffenheit auch in „brenzligen Situationen" aufzubringen und im sozialen Bereich zeichnen sie sich vor allem durch Hilfsbereitschaft, Zivilcourage und Zuverlässigkeit aus.

Kindheitsforschungen belegen: Immer mehr Kinder reagieren gereizt, fühlen sich überfordert, besitzen wenig Belastbarkeit, sind unruhig oder inaktiv; reagieren mit Aggressivität auf subjektiv erlebte Überforderungen und wenden zunehmend Gewalt gegen Dinge und andere Personen an. Sie wollen Wünsche möglichst umgehend erfüllt bekommen und reagieren mit Wutausbrüchen, wenn Wunscherfüllungen versagt werden. Kinder haben vermehrt Herzrasen, Schlafstörungen, Magenbeschwerden und Kopfschmerzen; sie trauen nahezu niemandem und kritisieren jeden und alles, der bzw. was ihnen missfällt. Psychosomatische An-/Auffälligkeiten und immer frühere sowie intensivere Erfahrungen mit Suchtmitteln lassen besorgte Eltern und professionelle Fachkräfte aufhorchen und führen zu der Formulierung, dass viele Kinder in zunehmendem Maße **„innerlich aussteigen"**. Kinderärzte, Psychologen und (Elementar-)Pädagogen schlagen Alarm. Kindheiten und Kindsein sind heute schon lange kein Kinderspiel mehr.

> *„Wer bringt dem Kind das Lachen bei? Die Sonne, die Blumen.*
>
> *Wer bringt dem Kind das Singen bei? Die Vögel, wenn sie jubilieren. Wer bringt dem Kind das Staunen bei? Alle Dinge, die es sieht.*
>
> *Wer bringt dem Kind das Weinen bei? Die Menschen, wenn sie die Seele verletzen.*
>
> *Nur eine Kinderseele ohne Narben kann herzlich lachen."*
>
> ***R. Timm***

Offensichtlich kommt es bei einer großen Anzahl von Kindern zu **„Irritationen im Bereich der personalen Identität und Stabilität“**. Wie entwicklungspsychologisch bekannt, steht bei Kindern zunächst der Auf- und Ausbau der Ich-Kompetenz im Vordergrund, geht es doch hier vor allem um das Verhältnis des Kindes zu sich selbst und um seine Möglichkeiten, sich unter dem besonderen Aspekt der eigenen Interessen und Möglichkeiten mit sich sowie seinem unmittelbaren Umfeld auseinanderzusetzen, zu entdecken, zu explorieren und bedeutsame Erfahrungen zu machen. Dieser Ich-Kompetenz wird eine grundlegende Bedeutung im Hinblick auf die Entwicklung einer Ich-Autonomie beigemessen, die dem Kind hilft, (Selbst-)Vertrauen zu sich und zu seinem Handeln zu erlangen. Doch gleichzeitig zeigen o. g. Beobachtungen, dass es offensichtlich vielen Kindern immer schwerer fällt/gemacht wird, diese basale Entwicklung zu realisieren. Die Frage nach möglichen Hintergründen wird durch vielfach belegte Untersuchungsergebnisse offenbar: **Entwicklung geschieht durch positiv erlebte Bindung und Erziehung ist Beziehung.**

„Wenn es dich nicht gäbe …

Wenn es dich nicht gäbe,
wäre vieles anders.
Ich wäre nicht so fröhlich.
Ich wäre nicht so mutig.
Ich wäre nicht so hoffnungsvoll.

Wenn es dich nicht gäbe,
wäre vieles anders.
Die Sonne wäre nicht so hell.
Der Mond wäre nicht so nah.
Der Himmel wäre nicht so blau.

Wenn es dich nicht gäbe,
wäre vieles anders.
Mein Leben wäre nicht so bunt.
Mein Leben wäre nicht so interessant.

Mein Leben wäre nicht mein Leben.“

Diego Armando

Diese **sichere Bindung bzw. Beziehungsqualität** scheint daher von immer weniger Kindern in ihrer ganzen Tiefe erlebt zu werden. Erinnern wir uns an die große Familientherapeutin Virginia Satir, die einmal sagte: *„Ich glaube daran, dass das größte Geschenk, das ich von jemandem empfangen kann, ist, gesehen, gehört, verstanden und berührt zu werden. Das größte Geschenk, das ich geben kann, ist, den anderen zu sehen, zu hören, zu verstehen und zu berühren. Wenn dies geschieht, entsteht Kontakt."*

In der aktuellen entwicklungspsychologischen Forschung gehen viele Wissenschaftler/-innen inzwischen davon aus, dass Kinder in zunehmendem Maße **„Entwicklungsunterbrechungen durch Beziehungsstörungen"** erleben/erlebt haben, die es ihnen nahezu unmöglich machen, sogenannte Basisfähigkeiten aufzubauen (genannt seien hier vor allem die Bereiche Selbst-/Fremdwahrnehmungsbereitschaft, Wahrnehmungsdifferenzierung, Selbstannahme, Erleben von Personstärke, Öffnungsbereitschaft für Selbstexploration, Motivation zur Selbstentwicklung neu zu entdeckender Lernbereiche, Aktivitätsmotivation zum Stressabbau, Wertigkeitssensibilität, Gefühlsexploration, intrinsische Lernmotivation, konstruktives Konfliktmanagement). Inzwischen hat sich gezeigt, dass es sogenannte innere, automatisierte und autonom gesteuerte Entwicklungsabläufe im Hinblick auf den Aufbau von Fähigkeiten nicht gibt. Allerdings zeigen Beobachtungsergebnisse, dass spezifische Basisfähigkeiten in Verbindung mit einer qualitativ intensiven **Grundbedürfnisbefriedigung durch erlebte Bindungen** in sehr engen Vernetzungen stehen. Gleichzeitig ergeben sich Verhaltensirritationen spezifischer Art aus der Nichtbefriedigung bestimmter seelischer Grundbedürfnisse. Werden nun Basisfähigkeiten als Aufbauprozess und entsprechende Fertigkeiten als Ausbauentwicklung verbunden betrachtet, fokussiert sich die notwendige Aufmerksamkeit – auch und gerade in der **Elementarpädagogik** – auf zwei Elemente. Zum einen muss die gesamte pädagogische Didaktik und Methodik so gestaltet werden, dass

Kinder in der täglichen Arbeit ihre Grundbedürfnisbefriedigung durch Bindungserfahrungen erleben (können). Zum anderen sind es aber auch bestimmte Verhaltensmerkmale der Erwachsenen, die notwendig sind, dem Anspruch einer bedürfnisgerechten Kommunikation und von bindungsnahen Erlebnissen gerecht zu werden.

> *Du hast mir das Lachen und die Freude gezeigt, mich vom Stillstand befreit.*
>
> *Du hast mir Geborgenheit und Sicherheit gegeben,hast mir gezeigt, wie es ist zu leben.*
>
> *Du hast in mir Zuversicht, Hoffnung, Ziele und Staunen geweckt,*
>
> *hast gemeinsam mit mir die vielen, eigenen verborgenen Talente entdeckt.*
>
> *Und dafür liebe ich Dich.*
>
> ***Armin Krenz in Anlehnung an Siegfried Maier***

So stehen jeweils bestimmte Vernetzungen in einer kindorientierten Elementarpädagogik im Mittelpunkt: **Die Befriedigung basaler Grundbedürfnisse sorgt für einen Entwicklungsaufbau von spezifischen Fähigkeiten bei Kindern** (1); Basisfähigkeiten führen zu spezifischen kognitiven/emotionalen/motorischen/sozialen Fertigkeiten (2); fehlende Basisfähigkeiten führen zu spezifischen Verhaltensirritationen (3) und eine Grundbedürfnisbefriedigung verlangt nach **bindungsintensiven und spezifischen Erwachsenenkompetenzen** (4). Doch alles fängt mit einer Kenntnis und Befriedigung der **Grundbedürfnisse** von Kindern an – diese können entwicklungspsychologisch als **„tragende Entwicklungssäulen"** bezeichnet werden, die Kindern helfen, „Wurzeln" für ihre Persönlichkeits- und Lebensentfaltung zu entwickeln.

Die 16 seelischen Grundbedürfnisse

Jeder Mensch – so auch und vor allem das Kind – ist mit einem Bündel an seelischen Grundbedürfnissen ausgestattet, die einer Sättigung bedürfen. Entwicklungspsychologische Betrachtungen haben ergeben, dass es offensichtlich um 16 seelische Grundbedürfnisse geht. Diese seien hier kurz aufgeführt:

Zeit mit bindungsnahen Menschen erleben, um sich selbst in den eigenen Entwicklungsmöglichkeiten wahrzunehmen und die Welt um sich herum zu entdecken;

Ruhe in der Entwicklung erfahren, um die Basisfähigkeit „Wahrnehmungsdifferenzierung" aufbauen zu können;

Liebe im Sinne einer personalen Annahme erleben, um ein Gefühl der Selbstannahme zu entwickeln und Empathie für die lebende und dingliche Welt aufzubauen;

Vertrauen durch andere spüren, um eigenen Stolz erleben zu dürfen und Leistungsbereitschaft zu entwickeln;

von Mitmenschen **verstanden werden,** um in den vielfältigen Lebenssituationen und Lebensherausforderungen immer wieder Kontakt zu sich selbst herzustellen und eine Mitverantwortung für Situationsverläufe zu entdecken;

Sicherheit durch Nähe und feste (sinnbedeutsame) Regeln erfahren, um in einen nachhaltigen Prozess der Selbstentwicklung zu finden;

Bewegung ausdrücken können, um durch gezielte und bewusst gewählte motorische Aktivitäten Stress abzubauen und in eine gedankliche, emotionale und motorische Selbststeuerung kommen zu können;

Intimität und Geheimnisse bejahend zuerkannt bekommen, um zu erkennen, dass es im Ausdrucksverhalten eine „öffentliche" und eine „private" Person gibt, die es in der Außenwirkung zu differenzieren gilt;

Mitsprache erleben und umsetzen dürfen, um ein individuelles, persönliches Wertigkeitsempfinden zu entwickeln;

Erfahrungsräume erkunden können, um die Vielfalt der eigenen Entwicklungspotenziale zu entdecken;

Gefühle (Freude, Angst, Wut, Trauer) erleben dürfen, um ihre Existenz zu akzeptieren und in die eigene Gefühlswelt bejahend zu integrieren;

die eigene **Sexualität** annehmen und integrieren, um sich in seinem Körper wohlzufühlen;

Gewaltfreiheit als ein besonders wichtiges „Lebensgut" erfahren, um in den vielfältigen angstauslösenden Alltagssituationen immer stärker angstfrei handeln zu können;

Neugierde umsetzen können, um sich und der Welt lernmotiviert zu begegnen;

Optimismus von anderen spüren sowie **Respekt bzw. Achtung** in der erlebten Kommunikation erfahren, um Lebensherausforderungen als Lernchancen anzusehen und mit konstruktiven Gedanken und Handlungsweisen selbst schwierige Situationen anzunehmen und lösen zu wollen.

Es sind also primär **strukturelle Bedingungen und personale Kompetenzen** der Erwachsenen, die für eine persönlichkeitsförderliche und stark machende, ressourcenorientierte Entwicklung von Kindern sorgen.

Elementarpädagogische Fachkräfte tragen im Alltagsgeschehen der Pädagogik zur **„Sättigung der o. g. Grundbedürfnisse"** durch Ihr Verhalten dazu bei, dass Kinder zu folgenden **Erfahrungsmomenten** kommen:

- Erleben eines wertschätzenden, emotional warmen Klimas (Freundlichkeit, Bindung, Aufgeschlossenheit);
- Erleben einer stabilen Bezugsperson, die Vertrauen und Autonomie fördert;
- Erleben eines emotional positiven, unterstützenden Beziehungsklimas („Du bist mir wichtig!")
- Erleben einer grundsätzlich konstruktiven Kommunikation;
- Erleben einer fürsorglichen Beziehung/„Kann ich dir bei Schwierigkeiten helfen?"
- Erleben eines positiven Rollenmodells – Klarheit, Ehrlichkeit, Offenheit;
- Erleben von Respekt, Wertschätzung und Achtung im Alltagsgeschehen;
- Erleben von klaren, Sinn gebenden Regeln;
- Erleben von transparenten Regeln;
- Erleben von klaren, durchschaubaren Strukturen;
- Positive Verstärkungen der Leistungsansätze;
- Positive Verstärkung der Anstrengungsbereitschaft;
- Positive Peerkontakte (Integration in der Gruppe);
- Erleben einer stabilen emotionalen Unterstützung in Konfliktsituationen (Beistand leisten);
- Erleben von Beharrlichkeit durch die Bindungsperson (Festigkeit ohne Starrheit);
- Erfahrung von Sinn und Bedeutung der eigenen Entwicklung;
- Erfahrungen machen können im Hinblick auf bedeutsame Selbstwirksamkeit („Ich kann was!")

(Vgl.: C. Wustmann, C, 2004 b, S. 402 ff.)

Selbstbildungskräfte und bildungsaktive Verhaltensweisen können am besten dadurch unterstützt werden, indem elementarpädagogische Fachkräfte und andere bindungsstarke Erwachsene:

- **das Kind ermutigen und es dabei unterstützen, seine Gefühle zu benennen und auszudrücken;**
- **dem Kind konstruktive und damit entwicklungsförderliche Rückmeldungen geben;**
- **dem Kind keine vorgefertigten Lösungen anbieten und damit vorschnelle Hilfestellungen vermeiden, sondern mit ihm gemeinsam nach Lösungsmöglichkeiten suchen;**
- **das Kind konsequent wertschätzen und respektieren;**
- **dem Kind Aufmerksamkeit schenken und ein aktives Interesse an den Aktivitäten des Kindes zeigen;**
- **dem Kind soziale (schaffbare) Verantwortung übertragen;**
- **das Kind dabei unterstützen, positiv und konstruktiv zu denken;**
- **dem Kind bei schwierigen Herausforderungen zu Erfolgserlebnissen verhelfen;**
- **dem Kind dabei helfen, eigene Stärken zu entdecken und zu stärken sowie eigene Schwächen zu erkennen und diese zu schwächen;**
- **dem Kind helfen, erreichbare Ziele zu finden und sich erreichbare Ziele zu setzen;**
- **dem Kind aus einer eigenen, positiven Sichtweise einen Zukunftsglauben vermitteln;**
- **das Kind in Entscheidungsprozesse einbeziehen;**
- **mit dem Kind eine anregungsreiche Umgebung gestalten und Situationen bereitstellen, in denen es immer wieder selbst aktiv werden kann;**

- **sichere Strukturen und Abläufe in den Lebensalltag des Kindes bringen;**
- **ein selbstbildungsmotiviertes Vorbild(!) sind;**
- **immer wieder ihre vorhandene Authentizität im Sinne einer eigenen Lernfreude und eines hohen Engagements zum Ausdruck bringen;**
- **bindungsintensive Beziehungen anbieten;**
- **Freude an den eigenen Fortschritten und denen des Kindes zum Ausdruck bringen;**
- **als „Mensch" auftreten und nicht die „Rolle" unter Beweis zu stellen versuchen.**

(Vgl.: Wustmann, C, 2004, S. 402 ff.)

Konsequenzen für eine kindorientierte Praxis

Eine bindungsstarke und bildungsintensive Entwicklungsbegleitung von Kindern ist also nur unter den drei oben genannten Ausgangsdaten zu realisieren:

1.) Es muss in erster Linie stets um **eine Sättigung der „seelischen Grundbedürfnisse"** von Kindern gehen, damit sie aus einer tief erlebten Lebensfreude heraus Fähigkeiten mit einer nachhaltigen Auswirkung aufbauen können. (Anmerkung: Die Befriedigung der körperlichen Grundbedürfnisse wird an dieser Stelle selbstverständlich vorausgesetzt.) Kinder brauchen eine atmosphärisch angenehm zu erlebende Umgebung im Innen- und Außenbereich, in der sie **handgreiflich**, unmittelbar, aktiv, mit allen Sinnen, **innerlich beteiligt** und engagiert Erfahrungen machen können, die ihnen tatsächlich helfen, selbstständig, unabhängig und sozial beteiligt das Leben zu spüren und **selbstaktiv mitgestalten zu können.** Sie brauchen vielfältige, **reale Handlungsräume** und keine künstlichen, von Erwachsenen arrangierten Welten. Dabei müssen Erwachsene den Kindern vielfältige, **alltagsbedeutsame** Herausforderungen zutrauen, die Kinder mit Mut und Engagement, Lebendigkeit und Stolz, Risikobereitschaften und Leistungserlebnissen ausfüllen können und diese Erfahrungserlebnisse müssen Kindern **Sicherheit vermitteln**. Erwachsene müssen **mit** Kindern leben, **mit** Kindern fühlen, **sich einfühlsam in sie hineinversetzen können** und sich dabei der **Perspektive der Kinder** zuwenden – sie müssen damit aufhören, Kinder in ihre Erwachsenenperspektive zu zerren. Schließlich brauchen Kinder weniger eine didaktische Vielfalt an irgendwelchen „Frühförderangeboten" als vielmehr **feste Bezugspersonen,** die sich selbst als den entscheidenden bildungsförderlichen Mittelpunkt begreifen. Kinder brauchen **zuverlässige Bindungserfahrungen** und damit engagierte, lebendige, staunende, mitfühlende, wissende, handlungsaktive, mutige, risikobereite, zuverlässige Menschen um sich und keine besserwissenden Rollenträger/-innen, die immer noch meinen, Belehrungen der Kinder mache Kinder klug.

2.) Wenn der Dreh- und Angelpunkt eines selbstständigen, weitestgehend autonomen und sozial verantwortlichen Menschen der Grad des **Selbstwertgefühls** ist, haben Erwachsene immer wieder im Alltag die Aufgabe, sich im Umgang mit dem Kind zu reflektieren, inwieweit ihr Verhalten selbstwertförderlich oder selbstwerthinderlich auf das Kind wirkt.

3.) Auch wenn es eine „Frühpädagogik" nach irgendeinem Lehrbuch oder irgendwelchen psychologischen Ratgebern nicht geben darf/kann, weil der Mensch damit jegliche **emotionale Bezugsnähe zum Kind** „verkopfen" und gleichzeitig seine **emotionale Nähe zum Kind** verlieren würde, ist es für eine professionelle Fachkraft notwendig, sich mit sogenannten **Entwicklungsgesetzen** zu beschäftigen. Sie sollten für ein Grundlagenwissen sorgen, das zu einer werteorientierten Richtschnur für die **gelebte Alltagskultur „mit Kindern"** wird.

Literatur

Fuhrer, Urs (2009): Lehrbuch Erziehungspsychologie (2. Aufl). Bern: Verlag Hans Huber

Haug-Schnabel, Gabriele & Schmid-Steinbrunner, Barbara (2002): Wie man Kinder von Anfang an stark macht. Ratingen: Verlag Oberstebrink

Krenz, Armin (2010): Was Kinder brauchen. Aktive Entwicklungsbegleitung im Kindergarten (7. Aufl.). Berlin: Cornelsen Verlag Scriptor

Krenz, Armin (2009): Kinder brauchen Seelenproviant (2. Aufl.). München: Kösel-Verlag

Krenz, Armin (2012): Kinderseelen verstehen. Verhaltensauffälligkeiten und ihre Hintergründe. München: Kösel-Verlag

Krenz, Armin (2009/2011): Psychologie für Erzieherinnen und Erzieher. Berlin: Cornelsen Verlag Scriptor

Krenz, Armin + Klein, Ferdinand (2012): Bildung durch Bindung. Göttingen: Verlag Vandenhoeck + Ruprecht

Leu, Hans Rudolf + von Behr, Anna (Hrsg.) (2010): Forschung und Praxis der Frühpädagogik. Profiwissen für die Arbeit mit Kindern von 0–3 Jahren. München: Ernst Reinhardt Verlag

Mietzel, Gerd (2002): Wege in die Entwicklungspsychologie. Kindheit und Jugend (4. Aufl). München: Verlags Union

Rossmann, P. (2001): Einführung in die Entwicklungspsychologie des Kindes- und Jugendalters (3. Aufl.). Bern/Göttingen: Hans Huber

Wilkening, Friedrich; Freund, Alexandra M.; Martin, Mike (2008): Entwicklungspsychologie. Workbook. Weinheim: Beltz Verlag/Psychologie Verlags Union

Wustmann, Corina (2004): Resilienz. Widerstandsfähigkeit von Kindern in Tageseinrichtungen fördern. Weinheim: Beltz Verlag

„Verhaltensauffälligkeiten“ sind Verhaltensantworten auf entwicklungshinderliche Umgebungseinflüsse und Signale für das Umfeld

In dem Musical „Tabaluga" (von Peter Maffay) gibt es eine Liedstrophe, die wahrscheinlich jeder kennt. Dort heißt es: *„Ich wollte nie erwachsen sein, hab' immer mich zur Wehr gesetzt, von außen wurd' ich hart wie Stein und doch hat man mich oft verletzt. Irgendwo tief in mir bin ich ein Kind geblieben. Erst dann, wenn ich's nicht mehr spüren kann, weiß ich es ist für mich zu spät."*

Wenn in diesem Liedtext davon die Rede ist, dass ein Mensch offensichtlich unter Lebensbedingungen aufwächst, die ihn dazu führen, sich gegen ungünstige Einflüsse zu wehren, um nicht noch weitere (seelische) Verletzungen erleiden zu müssen, dann ist dies keine Fiktion, sondern für viele Kinder eine Realität. Würde man die vielfältigen, unterschiedlichen, entwicklungshinderlichen Einflüsse einmal bündeln, die so manche Kinder erleben und erleiden müssen, dann leiten sie sich häufig aus folgenden Erlebnissen und Erfahrungen ab: Kinder erfahren:

- **Trennungserlebnisse** – z. B. wenn sie nicht mehr Kind sein dürfen, sondern schon in jungen Jahren möglichst früh „vernünftig" sein müssen; wenn sie in ihrem Umfeld keine „fehlerfreundliche Einstellung" mehr erleben, sondern schon in frühesten Jahren möglichst schnell gute, perfekte Leistungen erbringen müssen; sie sich häufig einsam und alleingelassen fühlen unter dem Eindruck, dass sie sich von der Befriedigung ihrer seelischen Grundbedürfnisse verabschieden müssen;
- **Beziehungsnöte** – z. B. wenn Eltern oder andere Erwachsene Kinder mit einer permanenten Schuld belegen und diese den Eindruck haben müssen: „Ich kann machen, was ich will – ich mache es niemandem wirklich recht und deswegen werde ich wohl auch nicht geliebt." Oder wenn Kinder nur dann Beachtung und Liebe finden, wenn sie sich genau so verhalten, wie es die Erwachsenen erwarten bzw. wenn sie sich in für sie wichtigen Situationen kurzfristig ausge-

schlossen oder langfristig ausgegrenzt fühlen, obgleich sie die Nähe von anderen Personen dringend bräuchten; wenn Kinder um „Liebe betteln“ und Erwachsene sie – aus Trotz oder anderen Gründen – links liegen lassen und Kinder „wie Luft behandeln“;

- **Bedrohungsängste** – z. B. wenn Kinder Gewalt in ihren vielen, unterschiedlichen Formen erfahren müssen; wenn Kinder unter großer Angst stehen, für klein(st)e Missgeschicke oder Verfehlungen bestraft zu werden; wenn Kinder spüren, dass Erwachsene unterdrückte Aggressionen gegen sie hegen; wenn offene oder verdeckte Beziehungsstörungen tabuisiert werden und keine offene Kommunikationsatmosphäre in der Interaktion besteht, obgleich die Beziehungen unter-/zueinander spürbar belastet sind;
- **Auslieferungserlebnisse** – z. B. wenn Kinder sich in bestimmten Situationen völlig wehrlos erleben und sich selbst in Gedanken sagen: „In dieser Situation gibt es für mich kein Entkommen. Hier bin ich wie ein Gefangener in seiner kleinen Zelle bei geschlossener Türe.“ Oder wenn Kinder unter einer fehlende Solidarität ihrer Bindungspartner/Bezugspersonen leiden oder fehlende Unterstützung erfahren müssen; wenn Kinder mit belastenden Situationen/Einflüssen konfrontiert werden, auf die sie keinen Einfluss bezüglich einer Veränderung/einer Beendigung haben; wenn Kinder in Streitsituationen/Auseinandersetzungen der Erwachsenen einbezogen werden, in denen sie sich hin- und hergerissen fühlen müssen und keinen Ausweg erkennen, wie und wo es „Wege aus diesem Gefühl des Ausgeliefertseins“ geben könnte;
- **Ohnmachtserlebnisse** – z. B. wenn Kinder immer wieder ihre Wirkungslosigkeit – trotz eigener Veränderungsvorschläge – erfahren, wenn sie mit Gewalt (durch Anbrüllen,

Schläge, massive Vorwürfe) daran gehindert werden, auch ihre Meinung zum Ausdruck zu bringen; wenn sie körperlichen Übergriffen ausgesetzt sind, die ihre Würde/ihre Intimität verletzen; wenn Kinder in einer überaus stark moralisierenden Umgebung aufwachsen, in der sie sich emotional und kognitiv sehr unfrei fühlen und sie die ganze Atmosphäre um sich herum überwiegend als schwer, belastend, einengend, angstauslösend empfinden. Das geht bei einigen Kindern so weit, dass diese schon Suizidgedanken entwickeln (vgl.: Levine, P. A., 2005).

Eltern und auch professionelle Fachkräfte nutzen, wenn sie von **„Verhaltensauffälligkeiten bei Kindern"** sprechen, eine Vielzahl unterschiedlicher Begriffe. Dabei ist von „auffälligen Kindern", „verhaltensgestörten, verhaltensschwierigen Kindern", „psychisch Kranken", „verhaltensirritierten Kindern", „psychosozial gestörten Kindern", „anormalen Kindern", „erziehungsschwierigen Kindern", „psychiatrisch behandlungsbedürftigen Kindern", „Verhaltensbehinderten", „Kindern mit abweichendem Verhalten" oder „abnormen Personen" die Rede.

Die Vielfalt der Begriffe und Bezeichnungen ist dabei allerdings kein Ergebnis aus willkürlich entstandenen Wortschöpfungen. Vielmehr verbirgt sich hinter jedem Begriff eine bestimmte, subjektive Sichtweise und eine bestimmte Einschätzung des Problems, das allerdings überwiegend **nur dem Kind zugewiesen wird.**

Zunächst: Kein Kind wird früh am Morgen aufwachen, aufstehen und sich gezielt darauf vorbereiten, die Eltern oder andere Personen zur Verzweiflung zu bringen. Ebenso wenig fallen Auffälligkeiten wie Regentropfen vom Himmel, um Kinder verhaltensauffällig werden zu lassen, noch sind „Verhaltensauffälligkeiten" angeboren oder *genetisch programmiert*. Wenn der Computer streikt, das Auto nicht mehr anspringen will oder der Fernseher keine Bilder mehr hergibt, sprechen wir von „Störungen". Diese bringen unsere aktuellen, persönlichen Absichten völlig durcheinander und lassen in üblicher Weise nur zwei Gedankengänge zu: Zum einen ist das technische Objekt gestört und zum zweiten bedarf es entsprechender Fachleute, um den infrage kommenden „Defekt" zu lokalisieren und anschließend eine Reparatur vorzunehmen. **Diese Form des Denkens hat auch im Umgang mit Kindern eine lange Tradition. Allerdings gibt es gravierende Unterschiede zwischen den nicht mehr funktionierenden Geräten und Kindern**: Kinder

- sind individuelle, dynamische Personen mit eigenen Erfahrungen, Erlebnissen und Bedürfnissen;
- können nicht „defekt" sein, weil der „menschliche Bauplan" keine statische, starre Größe ist;
- **haben ihre besonderen Verhaltensmerkmale durch die Kommunikation und Interaktion mit unterschiedlichen Menschen und in vielfältigen Situationserfahrungen entwickelt**;
- haben ein **dynamisches Eigenleben,** das sowohl aus reaktiven (also reagierenden) Verhaltensweisen als auch aus aktiven, selbstbestimmten Handlungsimpulsen besteht;
- lassen sich – wie alle Menschen – sowohl von eigenen als auch bei anderen erlebten Stimmungen und Gefühlen beeinflussen.
- Und schließlich ist es den Erwachsenen möglich, selbst in das eigene System (z. B. von starren, unberechtigten Erwartungen) einzugreifen, um Veränderungen für Kinder möglich werden zu lassen.

Damit werden die Unterschiede deutlich: **Auffällige Verhaltensweisen „entwickeln sich aus Beziehungen heraus"** (Finger/Simon-Wundt, 2003, S. 16). **„Treten Störungen und Auffälligkeiten bei Kindern auf, so sind auch immer die Beziehungen gestört,**

insbesondere die zu Erwachsenen (Becker-Textor, 1988, S. 115), **wobei „unerfüllte Grundbedürfnisse eine ausschlaggebende Rolle spielen"** (Strobel, 2005, S, 23). Kinder mit auffälligen Verhaltensweisen sind stets **„Symptom für kranke Beziehungen, Fehler und Mängel in der Erziehung, die Kinderfeindlichkeit der Gesellschaft u. Ä."** (Becker-Textor 1997, S. 11).

> *„Möglicherweise ist die Zeit nicht mehr fern, da die Pädagogik es als peinlich empfinden wird, von einem defektiven Kind zu sprechen, weil das ein Hinweis darauf sein könnte, es handele sich um einen unüberwindbaren Mangel der Natur. /.../ Dann wird auch das Wort selbst verschwinden, das wahrhafte Zeichen für unseren eigenen Defekt."*
>
> ***Wygotski 1985, S. 92***

Die Frage, wie nun „abweichendes Verhalten" definiert oder näher beschrieben werden kann, ist gar nicht so einfach zu beantworten.

Finger und Simon-Wundt (2003) äußern sich darüber, welches Verhalten definitiv als Störung gilt, wie folgt: *„Sollten wir eine Liste von Verhaltensstörungen aufstellen, wäre es schwierig zu entscheiden, welches Verhalten dazu gehört. Ist ein vorlautes Kind verhaltensgestört? Oder ein trauriges Kind oder ein Kind, das sich schmutzig macht? Ist Aufsässigkeit in der Pubertät oder der Rückzug ins eigene Zimmer, um laute Musik zu hören, ein Zeichen für eine beginnende Störung oder ein ganz normaler und notwendiger Entwicklungsschritt? Wir können diese Frage nicht allgemein beantworten. Denn um ein Verhalten als Störung zu bezeichnen, dürfen wir nicht alleine auf das Kind blicken, sondern müssen fragen, wie /.../ (Erwachsene)dieses Verhalten erleben. Warum fühlen sie sich so gestört? /.../Fast jedes kindliche Verhalten kann zur Störung werden, wenn sich ein anderer dadurch getroffen fühlt. Dies kann zum Beispiel geschehen, sobald das Verhalten des Kindes an Probleme der Erwachsenen rührt. /.../ Je mehr das Verhalten eines Kindes sie ärgert* *oder verunsichert, umso weniger Gelassenheit können sie ihm gegenüber aufbringen. Denn ihre Gefühle bestimmen auch ihr Verhalten. Sie werden strenger, schimpfen mehr, lassen das Kind ihre Enttäuschung deutlich spüren. /.../ Das verstärkt seine Auffälligkeiten, weil es sich einerseits unverstanden oder auch ungeliebt fühlt. /.../ Ein Teufelskreis ist entstanden, in dem sich beide Seiten immer weniger verstehen und immer weiter voneinander entfernen. (Solche) Teufelskreise sind sich steigernde Beziehungsstörungen. Jeder sieht im Verhalten des anderen die Ursache der Schwierigkeiten und erklärt das eigene Verhalten nur als Folge. /.../ Erst wenn ein Beteiligter einen unerwarteten Schritt tut, wird die Routine durchbrochen. Doch das gelingt nur, wenn man nicht länger an alten Erklärungsmustern festhält"* (S.18 f.; 22 f.).

Neben vielen weiteren, teilweise sehr unterschiedlichen Definitions- und Beschreibungsversuchen, wie „Verhaltensauffälligkeiten" erfasst werden können, fällt vor allem auf, dass die meisten Definitionen und Beschreibungen sogenannten normative Kriterien unterliegen. Solche Bezugssysteme orientieren sich an gesellschaftlich weit verbreiteten und statistischen Normen sowie persönlichen (und damit subjektiv geprägten) Wertvorstellungen. Doch außergewöhnlich viele Normen sind sowohl von einem historischen und sozialen Wandel, von einer Kultur- und Schichtzugehörigkeit als auch von bestimmten, kindbezogenen Entwicklungsvorstellungen abhängig. Schon 1982 schrieb Prof. Dr. Sagi: *„Gegen die unreflektierte Anwendung des statistischen Normbegriffes bestehen jedoch erhebliche Bedenken, vor allem, weil dadurch angepasstes Verhalten erklärt werden kann. Allzu leicht erscheint das Übliche im Konformen verwirklicht, aber oft entsteht der Gesellschaft Nutzen durch nichtkonformes, unübliches Verhalten. So kann Abweichung auch erwünscht und Konformität schädlich sein"* (S. 17).

Für die Erziehungspraxis kann festgehalten werden: Bis auf wenige Ausnahmen können alle Formen eines abweichenden, als ungewöhnlich zu bezeichnenden Verhaltens als Ergebnis einer wenig

geglückten bzw. gestörten Beziehung und Entwicklungsatmosphäre zwischen dem Kind und seinem Umfeld betrachtet werden (vgl. Metzinger 2005, S. 16).

Bei einer **Ursachenbetrachtung** von kindlichen Verhaltensirritationen ist eine Sichtweise angebracht, die stets ein ganzes Bündel von möglichen Ursachen ins Blickfeld nimmt und dabei auch Verbindungen ziehen kann, auch wenn es auf den ersten Blick eine bestimmte Ursache zu geben scheint . So wird beispielsweise ein selbstsicheres Kind weniger durch eine elterliche Zurückweisung betroffen sein als ein selbstunsicheres Kind, das in einem besonderen Maße auf die Liebe seiner Eltern angewiesen ist. Gleichzeitig berücksichtigt ein vielschichtiger Blick sowohl *biologische, psychosoziale, soziokulturelle, sozioökonomische* Ausgangsdaten als auch vergangene und gegenwärtige Lebensumstände aus allen(!) Lebensfeldern. Also beispielsweise auch der pädagogischen Institution, in der sich das Kind aufhält. Alle diese Lebenseinflüsse können zunächst als eigenständige Systeme betrachtet werden, die sich durch ihre Vernetzung zu einem „Gesamtsystem des Aufwachsens" zusammensetzen.

Dabei hat jeder Bereich seine eigenen Gesetze, die für das Kind bedeutsam sein können und die erst durch ihr Zusammenwirken **zu einem auffälligen Verhalten führen** können. Diese lassen sich aus unterschiedlichen Einflussfeldern ableiten: **dem Gesamtsystem der Familie,** (der Qualität des Partnerschaftssystem der Eltern(-teile); dem Eltern(-teile)-Kind-System; dem Geschwistersystem ...), **den umliegenden Systemen** (Verwandtschaft; dem Freundeskreis; einer besonderen Peer-group-Zugehörigkeit [= Gleichaltrigengruppe]; den Wohnverhältnissen; der Arbeitsplatzsituation der Eltern(-teile); der finanziellen Situation; dem Kommunikations-, Interaktions- und Denkstil; der Kulturzuordnung ...), **der pädagogischen Einrichtung** (der Gruppenstruktur, der Ausstattung; dem Selbstverständnis der Fachkräfte; dem Verhältnis Leitungskraft und Erzieher/-in; der Kommunikationsstruktur zwischen den Fachkräften; dem Bindungsgeschehen zwischen Erzieher/-in und Kind; der Kommunikationsstruktur Kind-Kind ...), **dem Übergangsbereich Familie und Einrichtung** (Art der Kontakte; Vorurteile; Kommunikationsstörungen; Konflikte ...) und **dem Kind selbst** (körperliche Verfassung; intrapsychische Einstellung; Höhe des Selbstwertgefühls, Krankheiten, Entwicklungserfahrungen, soziale Fertigkeiten, intellektuelle Fähigkeiten ...).

Im Gegensatz zu rein individuumszentrierten Ansätzen, wie es heute noch verstärkt in der Medizin oder auch noch der Heil- und Schulpädagogik der Fall ist, gibt ein solcher **systemorientierter Ansatz** die Möglichkeit, möglichst viele *mögliche Auslöser und Hintergründe* für das abweichende Verhalten des Kindes zu entdecken und „das Problem" in der Verzahnung unterschiedlicher Einflüsse und Ereignisse zu erkennen. Hier können die Ursachen a) im „Gesamtsystem Familie", b) in umliegenden Systemen, c) in dem pädagogischen System, d) in pädagogischen Übergangsbereichen liegen oder e) bereits in Kindern als mögliche Prädisposition vorhanden sein.

Anmerkung: Seit September 2004 konnte ganz Deutschland „dank" eines privaten Fernsehsenders miterleben, wie es der **„Super Nanny"** gelingt, in teilweise völlig verfahrenen Familiensituationen wieder Ordnung hineinzubringen. Innerhalb von kurzen, überschaubaren Zeiten gelingt es ihr, sogenannte verwahrloste, gewalttätige, laut schreiende und spuckende, pöbelnde und tretende Kinder zu zähmen und aus überforderten, hilflosen Vätern und Müttern dankbare Eltern werden zu lassen. Dabei spielt sich zumeist folgende Szenerie ab: „Verhaltensgestörte" Kinder, zumeist ohne Orientierung, ohne elterliche Vorbilder, ohne bedeutsame Regelkenntnisse doch dafür mit viel „Wut im Bauch" treten zumeist als „diabolische Erscheinungen" in das Rampenlicht, Mütter und/oder Väter stehen hilflos daneben oder reagieren mit Gegengewalt, wenn ihre Kinder ihre „Anfälle" bekommen, und die „Super Nanny" schafft es, dank klarer Erziehungsanweisungen, Ordnung und Ruhe in das Familienchaos zu bringen. Die durchschnittlich vier bis fünf Millionen

Fernsehzuschauer (aus allen Schichten und allen Altersgruppen) sind überwiegend begeistert und reihen sich dem aktuellen Trend gerne ein, mit möglichst einfachen Mitteln und einfachen Rezepten aus der Ferne etwas „Wirksames" miterleben zu dürfen. Wen interessiert dabei schon die Frage, ob die Kinder um ihr Aufnahmeeinverständnis gefragt wurden, wie die Familien nach Ausstrahlung „ihrer" Sendung in der Öffentlichkeit behandelt werden, ob die tatsächlich zu beobachtenden Änderungen eine **nachhaltige Wirkung** besitzen, ob lediglich „Symptome" verändert werden konnten, ob sich das Familiensystem tatsächlich neu strukturieren konnte oder ob diese **„Fastfoodpädagogik"** länger andauernde Lösungen von Erziehungsproblemen garantiert (vgl. Tschöpe-Scheffler, S., 2005, S. 1+2).

Da es nicht allen Eltern möglich ist, die „Super Nanny" in ihr Haus zu holen und es aus einer fachlicher Beurteilung heraus durchaus Alternativen gibt, sei im folgenden Teil ein anderer Weg vorgeschlagen, um es Kindern möglich zu machen, Alternativen zu ihrem aktuellen, problematischen Verhalten zu entdecken und auf- bzw. auszubauen.

Um eine erste Annäherung an das sogenannte auffällige Verhalten eines Kindes vorzunehmen, empfiehlt es sich, eine sorgsame Beschreibung der *Situation und der Bedingungen* vorzunehmen und die folgenden Fragen zu beantworten:

Wie lange besteht das „besondere Verhalten" des Kindes schon?
Gibt es **typische Situationen oder besondere Personen,** in/bei denen das Verhalten besonders stark/häufig auftritt?

Ist das Verhalten in verschiedenen Situationen, zu verschiedenen Anlässen und bei unterschiedlichen Personen **immer gleich oder unterschiedlich?** Woran könnte das liegen?
Was wurde bisher und **mit welchem Erfolg** unternommen, um das besondere Verhalten des Kindes zu verändern?
Welche Gründe kann es dafür geben, dass bisherige Veränderungsversuche keinen Erfolg gebracht haben?

Wurde/wird weiterhin mit diesen „erfolglosen Methoden" gearbeitet? Wenn ja, warum? Wie schätzt das Kind das entsprechende Verhalten ein? Leidet es selbst darunter, ärgert es sich darüber? Hat es **Erklärungen für sein Verhalten?** Welche **Interessen, Bedürfnisse, Wünsche, Lebensschwerpunkte, Hobbys** hat das Kind? Wie werden diese ausreichend berücksichtigt?
Wie sehen die üblichen Reaktionen der Erwachsenen bzw. Kinder auf das besondere Verhalten des Kindes aus? Welche **Folgen** ergeben sich für alle(!) beteiligten Personen?
Welche Rolle/Position hat das Kind in der Familie und in den Gruppen, in denen es sich aufhält? **Welche festen, sozialen Beziehungen** bestehen zwischen ihm und anderen Gruppenmitgliedern?
Welche entwicklungsförderliche Beziehungsnähe besteht zwischen den Eltern, den Erzieher/-innen, den Lehrer/-innen und anderen Bindungspersonen und dem Kind?
Gab es in der Vergangenheit bzw. gibt es in der Gegenwart **besondere Herausforderungen/Belastungen** (im gesundheitlichen, familiären, soziokulturellen, institutionellen Bereich), die für das Auftreten des besonderen Verhaltens hauptverantwortlich/mitverantwortlich gemacht werden könnten?
Wie stellen sich die einzelnen Beziehungspersonen des Kindes das neue, erwünschte Verhalten vor und in welcher Form zeigen die Erwachsenen diesbezüglich eine **Vorbildfunktion?**

Fragen zur Erstellung einer Verhaltensanalyse

Wenn es darum geht, die **aktuelle Erlebnissituation von Kindern** in ihren vielfältigen Facetten zu erfassen, dann ist es notwendig:

- ***sich in die aktuelle Lebenssituation von Kindern*** hineinzufühlen, um zu begreifen, was sich im Inneren der Kinder abspielt, welche kleinen und großen Dramen, Traurigkeiten und Enttäuschungen, Hoffnungen und Freuden, Ängste und Erwartungen, Kämpfe und Verletzungen das bisherige Leben beeinflusst und dazu beigetragen haben, dass das Kind so ist, wie es ist – und nicht anders kann, selbst wenn es wollte;

- Kinder in ihrer ***gegenwärtigen*** **Entwicklung** zu sehen und dort anzuknüpfen, wo es dem Kind möglich ist, sich zunächst auf eine tragfähige Beziehung einzulassen;
- immer wieder aus *Beobachtungen* heraus Handlungsschritte abzuleiten, die **nicht** darauf abgestellt sind, das „Kind zu verändern", sondern vielmehr dazu beitragen, selbst zu einem entwicklungsförderlichen Begleiter für das Kind zu werden;
- immer wieder darüber nachzudenken, welche *Handlungsvorhaben* ***hilfreich*** für die Entwicklung des Kindes gewesen sind und welche ***weniger hilfreich bzw. sogar hinderlich*** waren, um für weitere Handlungsschritte aus Fehlern zu lernen. Dabei sollte stets darauf geachtet werden, weder besondere Lebensbedingungen als Ursachenfaktor für ein Misslingen anzusehen noch Beschönigungen und Relativierungen vorzunehmen, sondern **selbst die Verantwortung für die Situation/das Verhalten des Kindes zu übernehmen;**
- die *vielfältigen Sinnverbindungen* zwischen dem Kind, seinen besonderen Verhaltensweisen, seiner gesamten, bisherigen Entwicklungsgeschichte, der Familiensituation und der besonderen Situationsstruktur in der Kindertagesstätte, dem eigenen Erziehungsstil, den vielfältigen Erwartungen an das Kind, der eigenen Befindlichkeit, den eigenen Wertvorstellungen, der eigenen Persönlichkeit und der eigenen Lebensgestaltung herzustellen und zu beachten;
- das Kind in seiner unverwechselbaren Individualität als einen *vollwertigen Menschen* zu begreifen, der **ein Recht darauf** hat, **dass ihm jemand hilft, aus seiner „misslichen Lage" herauszukommen;**
- bei allen Handlungsschritten selbst eine „große Portion *Optimismus*", einen „Koffer voller Hoffnung auf Verände-

rungsmöglichkeiten" und eine „gefüllte Reisetasche voller *Lebensglück* sowie eigener *Zufriedenheit*" mitzutragen, um eigene Probleme nicht (immer wieder) zu denen der Kinder zu machen.

- sich immer wieder auf den langen und anstrengenden Weg zu begeben, selbst auf die *Suche nach Antworten* zu gehen, um nicht vorschnell die eine oder andere Antwort von außen unreflektiert zu übernehmen. Der bekannte Arztpädagoge Dr. Janusz Korczak schrieb einmal dazu: „Sehen, Fragen stellen und auf Fragen antworten– das ist der Inhalt unseres Lebens, das ist der Inhalt unserer neuen Pädagogik" (1984, S. 30).
- den sogenannten Bedeutungs- und Erzählwert des gezeigten Verhaltens zu verstehen, zumal jede Auffälligkeit einen Grund sowie einen Hintergrund hat und einen entsprechenden Zweck besitzt. So muss es darum gehen, diesen drei Aspekten auf die Spur zu kommen, um den Kindern an der „richtigen Stelle" zu helfen, den Mangel an „Seelenproviant" aufzuheben oder die Einflüsse, die für das Entstehen und/oder die Aufrechterhaltung der gezeigten Verhaltensirritation verantwortlich sind, zu verändern bzw. deutlich zu minimieren.

Literatur

Armbrust, Joachim; Savvidis, Melina + Schock, Verena (2012): Konfliktfelder in der Kita. Göttingen: Verlag Vandenhoeck + Ruprecht

Aron, Elaine N. (2008): Das hochsensible Kind. Wie Sie auf die besonderen Schwächen und Bedürfnisse Ihres Kindes eingehen. München: mvg-Verlag

Döpfner, Manfred + Petermann, Franz (2008): Psychische Auffälligkeiten bei Kindern und Jugendlichen. Hogrefe Verlag Göttingen: Hogrefe Verlag

Finger, Gertraud + Simon-Wundt, Traudel (2003): Was auffällige Kinder uns sagen wollen. Stuttgart: Verlag Klett-Cotta

Fröhlich-Gildhoff, Klaus (2007): Verhaltensauffälligkeiten bei Kindern und Jugendlichen. Ursachen, Erscheinungsformen und Antworten. Stuttgart: Kohlhammer Verlag

Gaschler, Frank + Gundi (2007): Ich will verstehen, was du wirklich brauchst. Gewaltfreie Kommunikation mit Kindern. Das Projekt Giraffentraum. München: Kösel Verlag

Herbst, Thorsten (2010): Die kindliche Einsamkeit. Wie sie entsteht, welche Konsequenzen sie hat ... und worin unsere Verantwortung besteht. Paderborn: Junfermann Verlag

Krenz, Armin (2012): Kinderseelen verstehen. Verhaltensauffälligkeiten und ihre Hintergründe. München: Kösel-Verlag

Morschitzky, Hans + Sator, Sigrid (2009): Wenn die Seele durch den Körper spricht. Psychosomatische Störungen verstehen und heilen. Düsseldorf: Patmos Verlag

Renz-Polster, Herbert (2009): Kinder verstehen. Born to be wild: Wie die Evolution unsere Kinder prägt. München: Kösel-Verlag,

Renz-Polster, Herbert (2011): Menschenkinder. Plädoyer für eine artgerechte Erziehung. München: Kösel-Verlag

Rotthaus, Wilhelm + Trapmann, Hilde (2004): Auffälliges Verhalten im Jugendalter. Dortmund: Verlag modernes lernen

Schmid König, Nelia (2010): Damit Kindern kein Flügel bricht. Kindliche Verhaltensauffälligkeiten verstehen und ein gutes Familienklima fördern. München 2010: Kösel-Verlag

Trapmann, Hilde + Rotthaus, Wilhelm (2003): Auffälliges Verhalten im Kindesalter. Dortmund 2003: Verlag modernes lernen

Beobachtung von kindlichen Entwicklungsprozessen: Ausgangspunkt und Grundlage für eine kindorientierte Pädagogik

Eine japanische Fabel mit der Überschrift „Sieben blinde Mäuse" erzählt uns folgende Geschichte:

Sieben blinde Mäuse entdeckten eines Tages etwas Seltsames in der Nähe ihres Teiches. „Was ist das?", riefen sie überrascht und rannten nach Hause. Als erste lief am Montag die rote Maus hinaus, um das Geheimnis zu lüften. „Das ist eine Säule", sagte sie. Doch niemand glaubte ihr. Am Dienstag zog die zweite Maus aus. Sie war grün. „Das ist eine Schlange", sagte sie. „Nein", sagte die gelbe Maus am Mittwoch. Sie war als dritte an der Reihe. „Das ist ein Speer!" Die vierte Maus war lila. Sie lief am Donnerstag hinaus. „Das ist eine große Klippe", sagte sie. Am Freitag machte sich die fünfte Maus auf den Weg. Sie war orange. „Das ist ein Fächer!", rief sie. „Er hat sich bewegt!" Die blaue Maus zog am Samstag aus, als sechste. Sie sagte: „Das ist nur ein Seil." Aber die anderen waren nicht ihrer Meinung. Sie begannen sich zu streiten. „Eine Schlange!" – „Ein Seil!" – „Ein Fächer!" – „Eine Klippe!" Bis am Sonntag, die weiße Maus, die siebente Maus, zum Teich ging. Als sie zu dem seltsamen Ding kam, lief sie an einer Seite hinauf und an der anderen Seite hinunter. Sie lief ganz oben der Länge nach hinüber, von einem Ende zum anderen. „Ah", sagte die weiße Maus. „Jetzt verstehe ich. Es ist fest wie eine Säule, geschmeidig wie eine Schlange, weit wie eine Klippe, scharf wie ein Speer, luftig wie ein Fächer, faserig wie ein Seil, aber alles in allem ist es … ein Elefant!" Da liefen auch die anderen Mäuse an der einen Seite hinauf und an der anderen Seite hinunter. Und als sie ganz oben der Länge nach hinüberliefen, von einem Ende zum anderen, da gaben sie ihr Recht. Jetzt verstanden auch sie: Das Bein so fest wie eine Säule, der Rüssel so geschmeidig wie eine Schlange, der Körper so weit wie eine Klippe, der Zahn so scharf wie ein Speer, das Ohr so luftig wie ein Fächer, der Schwanz faserig wie ein Seil. Die Lehre für die Mäuse: Wissen in Teilen macht eine schöne Geschichte, aber Weisheit entsteht, wenn wir das Ganze sehen.

Beobachtung ist die Grundlage für eine Pädagogik, in der das KIND und sein Recht auf eine möglichst förderliche Entwicklung im Mittelpunkt der Betrachtung stehen (und nicht ein wie auch immer geartetes Bildungsprogramm oder die Erwartungsvielfalt der Eltern des Kindes). Mit der Beobachtung fängt jede entwicklungsförderliche Pädagogik an und bildet den Grundstein (das Fundament) für wertschätzende Beziehungserlebnisse sowie begleitende Entwicklungsimpulse.

Im Unterschied zur *Wahrnehmung*, bei der sowohl äußere als auch innere Reize als Sinneseindrücke auf den Menschen einwirken und dabei subjektiv geprägte Empfindungen und Einschätzungen auslösen, ist ***Beobachtung*** anders konzipiert. Hier geht es nicht darum, dass Menschen durch persönliche, soziale oder strukturbedingte Einflussfaktoren zu einer individuell ausgerichteten Einstellung zur wahrgenommenen Person oder zum Wahrnehmungsgegenstand und damit zu einer subjektiven Beurteilung einer Person oder Situation kommen! **Beobachtung** ist demgegenüber eine *„aktive, planmäßige, auf ein bestimmtes Ziel ausgerichtete und methodisch aufgebaute, zweckorientierte Registrierung von Ereignissen oder Verhaltensweisen einzelner Menschen oder Gruppen in Abhängigkeit von unterschiedlichen Situationen und Rahmenbedingungen"*.

Insofern ist Beobachtung immer eine aktive Suche nach bedeutsamen Informationen, ausgerichtet auf einen beobachtungsgeleiteten Zielgedanken. Das Beobachtungsergebnis führt zu einer Erkenntnis und dient dabei als Ausgangspunkt für das weitere Verhalten, um gesetzte Ziele, die erreicht werden wollen, in Angriff zu nehmen.

Stellenwert der Beobachtung in der (Sozial-)Pädagogik

In der (Sozial-)Pädagogik und (Sozial-)Psychologie gibt es unterschiedliche Methoden zur Erfassung von Informationen. Hier sind vor allem folgende – in der Praxis gebräuchliche – **„Datenerfassungstechniken"**

zu nennen: das zielgerichtete Gespräch, das strukturierte Interview, die Fragebogenerhebung, soziometrische Verfahren (z. B. das Soziogramm), die Anamnese, Testverfahren und Inhaltsanalysen anhand eines vorliegenden Materials (z. B. die Auswertung von Dokumenten) sowie eine Fülle sehr unterschiedlicher Beobachtungsverfahren.
In der (Sozial-)Pädagogik hat dabei die Beobachtung einen besonders hohen Stellenwert! Sie ermöglicht es dem Beobachter, umfassende Kenntnisse über den Beobachtungsschwerpunkt/eine Situation/eine Person/eine Gruppe zu gewinnen. Die Beobachtung wird aber nur dann zu einem nutzbringenden Beobachtungsergebnis führen, wenn die *Methodenentscheidungen* (welche Beobachtungsform für die Fragestellung am besten geeignet ist; welche Situationsauswahl die umfassendsten Informationen liefern wird; welche Beobachtungsdokumentation angebracht ist) wohl überlegt sind.

Beobachtung als umfassende Grundlage für alle Facetten der (sozial-)pädagogischen Arbeit

Es gibt keine Situation im Arbeitsalltag der ErzieherInnen, die es nicht erforderlich machen würde, Entscheidungen auf der Grundlage von Beobachtungsergebnissen zu fällen. Insofern gehören die Merkmale „Beobachtung“ und „Beobachtungsfähigkeit“ *zur grundsätzlichen Kompetenz* der elementarpädagogischen Fachkräfte.
Beobachtungen tragen dazu bei, Situationen und Geschehnisse im Berufsalltag *gezielt* zu registrieren, Personen in vernetzten Situationen zu verstehen sowie ihre besonderen Ausdrucksformen dokumentieren zu können und Vorhaben gezielt zu planen, durchführen und auswerten zu können. Dabei werden sich *Beobachtungsvorgänge* auf die *unterschiedlichsten Arbeitsschwerpunkte* beziehen: vor allem auf die eigene Person und deren Wirkweisen, die Einflussnahme auf andere und die individuelle Arbeitsgestaltung, die Arbeits- und Verhaltensweisen der anderen Mitarbeiter/-innen und ihre Auswirkung auf andere Personen und die Entwicklung von Geschehnissen, die Zusammenarbeit und Umgangsweisen mit den Eltern und die Kom-

munikation zwischen Kindern und deren Eltern, die allgemeine und besondere Kommunikation und Interaktion unter den Kindern, die allgemeine Umgangskultur zwischen Erwachsenen und Kindern, die besonderen Merkmale innerhalb der Beziehungs- und Interaktionsebene zwischen Erzieher/-innen und einzelnen Kindern, die Entwicklungsgeschichte einzelner Kinder und ihre Entwicklungsverläufe, die Zusammenhänge von Entwicklungsverläufen bei Kindern und dem Einfluss der Gestaltung der von Kindern erlebten Projektarbeit, Entwicklungsbrüche in der Lebensgeschichte einzelner Kinder und die Deutung besonderer Ausdrucksformen. Dabei führen die vorgenommenen Beobachtungen zu einer *umfangreichen Datengrundlage*, die es den Fachkräften ermöglicht, **Erkenntnisse zu gewinnen,** die ihnen sonst häufig verschlossen bleiben und damit gleichzeitig eine professionell gestaltete Arbeit zunichte machen würden. Beobachtungen stellen darüber hinaus ein hilfreiches Instrumentarium dar, um einerseits ganz ***bestimmte Einzelsituationen* zu erfassen** und andererseits ***Zusammenhänge zwischen bestimmten Bedingungen* und erfassten Beobachtungsergebnissen herzustellen.** Beobachtungen sind nie isolierte Ergebnisse einzelner Facetten!

Beobachtungsformen

Entsprechend der besonderen Aufgabenstellung, die für jede Beobachtung als ein Einzelfall zu betrachten ist, ergibt sich für eine qualitätsgeprägte Beobachtung die jeweilige Beobachtungsform. Die erste Unterscheidung in den Beobachtungsformen bezieht sich auf das Feld einer *Selbst-* oder *Fremdbeobachtung*. Dabei geht es bei der **Introspektion** um die **Registrierung eigener, persönlicher Vorgänge** (im kognitiven, motorischen, emotionalen oder sozialen Bereich) und bei der Fremdbeobachtung um die Verhaltensbeobachtung äußerer Aspekte und anderer Menschen. Im Unterschied zur *Gelegenheitsbeobachtung (auch naive Beobachtung genannt)*, bei der es zu zufälligen Beobachtungen kommt und situationsbedingte Zufälligkeiten im Vordergrund stehen, besitzt die *systematische* Beobachtung ein exakt beschriebenes Leitsystem. Letztere kann in Form einer *nicht-teilnehmenden Beobachtung* (protokollierenden/technischen) oder einer *teilnehmenden Beobachtung* durchgeführt werden – als *aktiv teilnehmender Beobachter* (als mithandelnde Person im Interaktionsgeschehen) oder *passiv teilnehmender Beobachter* (als „Zuschauer" im Beobachtungsfeld). Die Beobachtung selbst kann als *strukturierte* oder *unstrukturierte* Beobachtung, als eine Beobachtung in *natürlichen* oder *künstlich* hergestellten Situationen, als *offene* oder *verdeckte* Beobachtung, als *Kurzzeit-* oder *Langzeit- bzw. Dauerbeobachtung*, als *kontinuierliche* oder *diskontinuierliche* Beobachtung, als *beschreibende* oder *registrierende Beobachtung* (Schätzskalen/Quantitätserfassungen) geplant und umgesetzt werden. (Sozial-)Pädagogische Fachkräfte können nach entsprechender Auseinandersetzung mit den Beobachtungsformen und einer gezielten Einübung jede dieser Beobachtungsformen in ihrer Praxis planen, strukturieren und einsetzen. Die jeweilige Beobachtungsform erschließt sich einerseits aus der exakten Aufgaben- und Zielstellung, andererseits aus den Möglichkeiten der Person und den strukturellen Bedingungen vor Ort. Unabhängig davon werden allerdings immer die Qualität und Effizienz einer systematischen Beobachtung davon abhängen, wie folgende **Beobachtungsprinzipien** beachtet werden: **Konzentration auf den Beobachtungsvorgang, Sachlichkeit in der Vorgehensweise, zielbestimmtes Verhalten, Berücksichtigung von Zusammenhängen und Bewusstmachung der Tatsache, dass jede Beobachtung lediglich das aktuelle Geschehen erfasst.** Rückschlüsse auf bestimmte Hintergründe und in der Vergangenheit liegende Ereignisse sind ebenso häufig hypothetisiert – und damit fehlerbehaftet – wie der Versuch, aus aktuellen Einzelbeobachtungen Zukunftsentwicklungen abzuleiten.

Einflussfaktoren auf den Beobachter

Beobachtungsergebnisse sind stets in mehr oder weniger starkem Maße von einer ganzen Reihe sehr unterschiedlicher Einflüsse und

Zusammenhänge vor, während und nach einem Beobachtungsvorgang abhängig. So können bestimmte Bedingungsfaktoren das Beobachtungsergebnis prägen und damit auch deutlich verfälschen.

Zum einen sind es häufig Merkmale, die mit dem *Beobachter selbst* zu tun haben (1), zum anderen sind es Faktoren, die sich aus der *Einrichtungsstruktur* (2) oder der *Programmstruktur* (3) ergeben. Und schließlich muss sich der Beobachter darüber im Klaren sein, dass das Beobachtungsergebnis *ausnahmslos* ein ***aktueller Ausschnitt*** aus einer Vielzahl zusammenhängender Vernetzungen ist. Selbst die zu beobachtenden personalen Verhaltensweisen bzw. Situationen sind stets einmalige und in ihrer Besonderheit nicht wiederholbare Ereignisse!

zu 1) **Einflussfaktoren, die sich aus der Person des Beobachters ableiten können:** z. B. aus seiner besonderen Persönlichkeitsstruktur und den damit automatisch verbundenen Persönlichkeitsmerkmalen; seiner beruflichen Erfahrung/Unerfahrenheit; den schon vor der Beobachtung feststehenden (un-)bewussten und handlungsleitenden Erwartungen an das Beobachtungsergebnis; der Einstellung zum Beobachtungsvorgang selbst; der Einstellung zur Situation und/oder zur Person, die beobachtet werden soll; den zurückliegenden – und emotional besetzten – Erfahrungen und Erlebnissen im Hinblick auf den Beobachtungsgegenstand; den von außen gesetzten Erwartungen; der individuellen methodisch/didaktischen Arbeitsgestaltung des Beobachters; das Werte- und Normensystem des Beobachters; der grundsätzlichen Einstellung zum Beruf ...

zu 2) **Einflussfaktoren, die mit der Einrichtungsstruktur zusammenhängen:** mit der Raumgestaltung; der konzeptionellen Grundlage für die Arbeitspraxis (dogmatische Prägung); der Gruppengröße; dem in einer bestimmten Form gestalteten Tagesablauf; den verhaltensbeeinflussenden Materialien; der besonderen

Ortslage der Einrichtung; der besonderen soziokulturellen Gruppenzusammensetzung;

zu 3) **Einflussfaktoren, die mit der Programmstruktur der Einrichtung verbunden sind:** mit den Schwerpunkten der Didaktik; der ideologischen Ausrichtung der Einrichtung; der spezifischen Methodik zur Umsetzung von Zielen; der besondere Auslegung und Gestaltung der konzeptionellen Schwerpunkte; ...

Ausgangspunkte für eine qualitätsgeprägte Beobachtung

Jede Beobachtungsaktivität wird nur dann zu einem **qualitätsgeprägten Ergebnis** führen,

a) wenn sie gut vorbereitet worden ist,

b) eine klare, unmissverständliche Zielsetzung besitzt,

c) der Beobachter während der Beobachtungszeit konsequent das Beobachtungsziel verfolgt,

d) die Beobachtung eine offene Zielfindung zulässt – ohne dass schon im Vorfeld frühzeitige Bewertungen das Beobachtungsergebnis beeinflussen –

e) und dabei auch die Beobachtungsergebnisse praktische Konsequenzen für die weitere Gestaltung hergeben.

Systematische Beobachtungen werden immer schriftlich festgehalten. Dafür bieten sich – je nach Aufgabenstellung – unterschiedliche Beobachtungsbögen, -schemata und -protokolle an (s. Literaturverzeichnis: A. Krenz).

Fragen des Beobachters vor jeder Beobachtung

Damit jede Beobachtung zielorientiert durchgeführt werden kann und gleichzeitig die formulierte Ausgangsfrage auch tatsächlich zum

Ausgangspunkt des weiteren Vorgehens wird, hat sich der Beobachter vor jeder Beobachtungsaktivität folgende Fragen zu stellen:

Warum **soll beobachtet werden?** (z. B. um typische Kommunikations- und Interaktionsmuster zwischen sich und dem Kind zu entdecken; um die (Un-)Wirksamkeit bisheriger pädagogischer Maßnahmen zu überprüfen; um eine aktuelle Bestandsaufnahme spezifischer Fähigkeiten und/oder Fertigkeiten bestimmter Kinder mit Blick auf die Beurteilung ihrer Schulfähigkeit vornehmen zu können; ...)

Wer **soll beobachtet werden?** (z. B. ein bestimmtes Kind in seiner Spielsituation mit einem anderen Kind; die Gesamtkindergruppe, um die aktuelle Verteilung von Rollen in der Gruppe zu erkennen; eine bestimmte Teilgruppe von Kindern, um ihr besonderes Kommunikationsverhalten im Vergleich mit einer anderen Teilgruppe in Beziehung zu setzen; man selbst im Sprach- oder Spielkontakt mit bestimmten Kindern, um Gemeinsamkeiten bzw. Unterschiede im eigenen Verhalten in Abhängigkeit von eigenen Einstellungen/bestimmten Kindern zu erkennen; ...)

Was genau **soll beobachtet werden?** (z. B. welches Kind in welcher Situation welche Spielform bevorzugt bzw. welcher Spielform aus dem Wege geht; welche besonderen Fähigkeiten und/oder Fertigkeiten bestimmte Kinder in bestimmten Situationen zum Ausdruck bringen; welche Kommunikations- und Konfliktkultur zwischen Mitarbeiter/-innen und Kindern ausgedrückt wird; ....)

Wann **soll beobachtet werden?** (z. B. in der Zeit der Ankunft der Kinder oder vor/während des Abholens durch die Eltern; während bestimmter Spielphasen; während des Frühstücks; in der Zeit des Freispiels; ...)

Wie lange **soll beobachtet werden?** (z. B. in einer festgelegten Zeitspanne von 15, 30, 45 oder 60 Minuten; einen ganzen Vor- oder Nachmittag; während des Frühstücks; ...)

***Wo* soll beobachtet werden?** (z. B. im Gruppenraum; wenn die Kinder sich auf dem Außengelände aufhalten; bei Exkursionen außerhalb des Kindergartengeländes; ...)

***Wie* soll beobachtet werden?** (z. B. mit einer Videokamera; mit einem bestimmten Beobachtungsbogen; in Form einer teilnehmenden Gelegenheitsbeobachtung; als offene oder verdeckte Beobachtung; ...)

Sorgsam geplante und durchgeführte sowie zielgerichtete Beobachtungen tragen dazu bei, Beobachtungsergebnisse zu deuten (nicht zu interpretieren), beobachtete Vorgänge zu beschreiben (nicht zu beurteilen) und beobachtbare Prozesse in Zusammenhängen zu verstehen (nicht zu isolieren bzw. zu funktionalisieren).

Wie oben erwähnt, ist es nicht möglich oder aus fachlicher Sicht zu empfehlen, sich bei einer Beobachtungsaufgabe (mit einer festgesetzten Fragestellung) als erstes auf das Kind auszurichten. Die erste Form einer Beobachtung ist stets die Selbstbeobachtung, ganz im Sinne von Prof. Dr. Wolfgang Liegle, der einmal gesagt hat: „Erkenne dich selbst, bevor du andere zu erkennen trachtest." Selbstbeobachtung ist nicht einfach, weil dies bedeuten würde, sich selbst mit einem sachlich-kritischen Blick und einer notwendigen Distanz zu sich selbst ins „Kreuzverhör" zu nehmen und damit sowohl ganz bestimmten entwicklungsförderlichen als auch -hinderlichen Verhaltensmerkmalen auf die Spur kommen zu können. Dabei würden sich Vorlieben und Abneigungen, Vorurteile und vorurteilsarme Einstellungen herauskristallisieren, es würden berufliche Stärken und auch Schwächen offenkundig, lieb gewonnene Gewohnheiten kämen gleichzeitig auf einen kritischen Prüfstand, und vor allem könnten sich gerade lieb gewonnene Denk-/Handlungsmuster als entwicklungshinderliche Facetten herausstellen, die es im Hinblick auf das zu beobachtende Kind zu verändern gilt. Jeder Mensch hat dabei seine „rosarote Brille" aufgesetzt, indem er unangenehme Beobachtungen/Erkenntnisse beschönigt und intrasubjektiv verstellt. Doch das entbindet ihn nicht von seiner Verpflichtung, sich dieser

Herausforderung zuzuwenden. So könnten sich elementarpädagogische Fachkräfte beispielsweise folgende Fragen stellen:

1.) Was kann ich bei meinem Beobachtungswunsch des Kindes schwer aushalten bzw. was fällt mir leicht?

2.) Welche „Bilder" habe ich zu dem Kind im Kopf und welche Vermutungen schränken meine Wahrnehmungsoffenheit bezüglich eines noch offenen Ergebnisses vielleicht ein?

3.) Wie schätze ich mein Beziehungsverhältnis zu dem Kind ein und welchen Einfluss könnte die Beziehung auf die Beobachtung/das Beobachtungsergebnis haben?

4.) Betrachte ich die Ausdrucksweisen des Kindes aus meiner eigenen Werte-/Normenwelt oder gelingt es mir, mich in die Biographie des Kindes einzudenken/einzufühlen?

5.) Bin ich eher darauf ausgerichtet, die Stärken des Kindes zu erfassen oder richte ich meine Aufmerksamkeit eher auf dessen Schwächen?

6.) Was könnten die Ausdrucksformen des Kindes mit meiner Person/der Qualität meiner Beziehung zum Kind/meiner pädagogischen Arbeit/den Rahmenbedingungen zu tun haben?

Grundsätze zur Durchführung und Auswertung erhobener Daten

Auch wenn die Beobachtung einzelner Kinder oder einer Gruppe im Mittelpunkt der gesamten Pädagogik steht und den Ausgangspunkt für kindorientierte Entwicklungsbegleitungen bildet, müssen sich Beobachter/-innen selbst immer wieder bestimmter Grundsätze bewusst sein. Dazu hat Dr. Erika Kazemi-Veisari 10 Thesen aufgestellt, die in diesem Zusammenhang von besonderer Bedeutung sind. (2005, S. 124 f.).

1. ***„Beim Be(ob)achten werden keine Fakten, sondern Botschaften wahrgenommen (gesehen, gehört, gefühlt, gedacht)."*** Beobachtungen werden über unsere Wahrnehmungssinne registriert, und diese provozieren automatisch eigene Erinnerungen, eigene Vorlieben, eigene Abneigungen, eigene Ängste und Befürchtungen, eigene Glücksempfindungen oder eigene Abwehrmechanismen. Insofern sind es stets persönliche Bilder, die sich aus Fremdbeobachtungen und der eigenen Lebensbiografie zusammensetzen und ein Konglomerat aus persönlichen Einschätzungen und beobachteten Einzelfaktoren bilden.

2. ***„Be(ob)achtungen wählen aus; sie heben hervor, übersehen, deuten."*** Beobachtungen sind immer in ein vielfältiges Bild eingebunden, das durch Beobachtungsaufgaben in Einzelteile zerlegt wird. Gleichzeitig kann bzw. muss davon ausgegangen werden, dass Beobachter/innen schon im Vorwege ein bestimmtes „Ergebnisbild" im Kopf haben und eine Bestätigung von Annahmen suchen. Solche Teilbilder können nur unvollständig sein und es besteht immer die Gefahr, dass nicht nur Situationsausschnitte ein Ergebnis verzerren, sondern auch vorgefertigte Antworten zu subjektiven Ergebnissen führen müssen.

3. ***„Be(ob)achtungen erfassen nur sichtbare und hörbare Aspekte; die Persönlichkeit des Kindes ist aber immer mehr als die Summe der***

beobachtbaren Teile." Jedes Verhalten eines Menschen ist zu jeder Zeit von zwei Einflussgrößen abhängig: der individuellen Persönlichkeit selbst *und* dem Umfeld. Bei allen Beobachtungen kann nur das registriert werden, was das Kind in einer Beobachtungssituation mit wem, wo und wie lange tut. Beobachtungen erfassen nicht (un)mittelbare Vorgeschehnisse, die aktuelle Grundstimmung des Kindes und seine Lebensgeschichte mit den entsprechenden verhaltensprägenden Erlebnissen, die zum Zeitpunkt der Beobachtung mit zum Ausdruck kommen.

4. ***„Die Art und Weise, wie Kinder sich ausdrücken, ist nicht unmittelbar zu verstehen."*** Die Vielfalt der Ausdrucksmöglichkeiten von Kindern – ihr Malen und Zeichnen, ihr Verhalten, ihre Motorik, ihre Sprache und ihr Sprechen, ihre Träume und ihr Spiel(en) – steckt voller Symbole (Metzinger, A.,2005; Hauch, G., 2004; Romberg-Asboth, I., 1999; Finger, G. und Simon-Wundt, T., 2003; Steinhausen, H.-Chr., 2004; Krenz, A., 2012). Beobachtungen ergeben zwar eine Bestandsaufnahme der kindeigenen Ausdrucksformen – sie lassen sich aber erst aus einem professionellen Verstehen begreifen. Dadurch ergeben sich häufig völlig andere Sichtweisen zum Kind und seinen offenbarten Ausdrucksmöglichkeiten.

5. ***„Be(ob)achtungen werden oft durchgeführt, weil Erwachsene*** **ihre** ***Probleme mit dem Kind lösen wollen."*** Bei allen Beobachtungen muss immer wieder die Frage im Vordergrund stehen, *wer tatsächlich* das Problem mit den vom Kind geäußerten Verhaltensweisen hat. In der Regel ist es so, dass die Probleme „im Kind liegend" gesehen werden – vielleicht ist es aber eher so, dass Erwachsene Schwierigkeiten mit der Lautstärke des Kindes, seiner Lebendigkeit, seiner Offenheit, seiner Direktheit, seiner Neugierde, seinem kreativen Verhalten, seiner angemessenen Aggressivität haben.

6. ***„Be(ob)achtungen sind entscheidend geprägt von der Haltung, mit der sie durchgeführt werden. Beobachtungen unterliegen einer ethischen Verantwortung."*** Erfahrungen zeigen, dass die meisten

Beobachtungen darauf ausgerichtet sind, „Defizite" in bestimmten Entwicklungsbereichen von Kindern genauer zu erfassen, ohne vor allem Hintergründe sowohl im mittelbare Umfeld des Kindes (z. B. in der vergangenen bzw. gegenwärtigen Familiengeschichte) und insbesondere im unmittelbaren Einflussbereich (z. B. der Gruppenzusammensetzung, dem räumlichen Umfeld in der Einrichtung, der Hausatmosphäre, der Didaktik, dem pädagogischen Ansatz, der Erzieher/in selbst) zu suchen. So entscheidet die Sichtweise, die Einstellung der Fachkräfte über die Zielrichtung der Beobachtung und vor allem über die Frage, ob die gewählte Beobachtung vor allem einen *lösungsorientierten* oder *festschreibenden* Ausgangspunkt besitzt.

7. ***„Kinder reagieren auf Be(ob)achtungen; sie ‚richten sich darauf ein', was sie als Beobachtete spüren."*** Beobachtungen finden nicht in einem „verdunkelten, versteckten" Raum statt. Vielmehr registrieren Kinder sehr genau, dass Erwachsene Beobachtungen durchführen. Durch diese erlebte Aufmerksamkeit kann es passieren, dass sie ihr Verhalten ändern, was letztlich zu einem anderen Beobachtungsergebnis führen kann als bei einer Beobachtung, die von dem Kind nicht wahrgenommen werden würde.

8. ***„Be(ob)achtungen können nur zu Achtungen führen, wenn sie dialogisch sind. Sie werden nicht „am Kind" durchgeführt, sondern sind eine Form der Kommunikation mit dem Kind".*** Beobachtungen stellen keine „Methode" dar, um etwas „am Kind vorbei" zu unternehmen. Vielmehr haben Kinder unter dem Aspekt von Wertschätzung und Achtung ein Recht darauf zu erfahren, warum, was und wozu entsprechende Beobachtungen angestellt werden sollen. Das hat in der Praxis drei Konsequenzen. Zum einen sollten Kinder um ihre Einverständniserklärung für die Datenerhebung gebeten werden, zum anderen ist es möglich, ihnen die Aufzeichnungen oder Ergebnisse mitzuteilen. Schließlich erhalten Kinder die Möglichkeit, ihre persönliche Einschätzung zu den Aufzeichnungen und Ergebnissen abzugeben.

9. ***„Auch Kinder be(ob)achten ständig und aufmerksam; auch sie deuten, was sie wahrnehmen."*** Kinder bewerten ihre Erlebnisse, ihre Erfahrungen und die Ereignisse um sie herum ebenso wie Erwachsene. Aus dieser Tatsache heraus leitet sich die Forderung ab, auch mit Kindern immer wieder über ihre Deutungen und Situationsinterpretationen ins Gespräch zu kommen.
10. ***„Aus Be(ob)achtungen lassen sich immer(!) widersprüchliche und verschiedene Schlussfolgerungen ziehen. Deshalb müssen Schlussfolgerungen kommuniziert werden."*** Beobachtungen laufen nicht in einer eindimensionalen Kausalität ab – sie geben lediglich Hinweise auf mögliche Korrelationen. Um sich selbst vor einseitigen oder vorschnellen „Wenn-dann-Aussagen" zu schützen und vor allem auch die beobachteten Kinder nicht in persönlich geprägten Alltagstheorien einzubinden, sollten Beobachtungsergebnisse immer in einem Austausch mit anderen besprochen und kritisch reflektiert werden.

Die Gestaltung von Entwicklungsberichten und die aktive Durchführung einer Entwicklungsbegleitung

Damit die elementarpädagogischen Fachkräfte selbst und auch die Adressaten von Entwicklungsberichten (Eltern, Grundschulen, sozialpädagogische/psychologische Dienste, Fachpraxen, Kinderärzte) entsprechende kompetent verfasste Informationen erhalten, müssen alle Entwicklungsberichte fachlich korrekt strukturiert und inhaltlich klar aufgebaut sein.

Darüber hinaus bilden konkrete Beobachtungsergebnisse die Grundlage für aktive Entwicklungsbegleitungen, um den Kindern zu helfen, Stärken zu stärken und Schwächen zu schwächen.

Der Versuch, an dieser Stelle einen zumindest einigermaßen vollständigen Überblick über Aufbau und Struktur von Entwicklungsberichten und Gliederungshilfen für die Erstellung von Beurteilungen

auf der Grundlage von gewonnenen Erkenntnissen aus Beobachtungen wiederzugeben, ist aufgrund der unüberschaubaren Vielfalt an Möglichkeiten und unterschiedlichen Herangehensweisen von Anfang an zum Scheitern verurteilt. Auf der einen Seite liegt es daran, dass die Merkmale und Schwerpunktsetzungen von Entwicklungsberichten und Beurteilungsbögen aufgrund der vielfältigen Fragestellungen sehr unterschiedlich gehalten sind, auf der anderen Seite ist festzustellen, dass sich auch im Laufe der Zeit die Schwerpunkte für Entwicklungsberichte und Beurteilungshilfen immer wieder verändert haben und sich auch heute noch in Veränderungen befinden. Dazu kommt, dass jede psychologische Richtung und jeder pädagogische Ansatz eigene, besondere Schwerpunkte setzt.

Eine in der Praxis vielbewährte Form zur Ersterfassung der unterschiedlichen Entwicklungsbereiche könnte in folgender Gliederung liegen:

a) ***Grobmotorik*** (Gleichgewichtsreaktionen; Körpergeschick; situationsangepasstes Bewegungsverhalten),

b) ***Feinmotorik*** (Handgeschick; Zusammenspiel von Auge und Hand),

c) ***Emotionale Entwicklung*** (Ausdruck von Gefühlen und Bedürfnissen; Einfühlungsvermögen; Frustrationstoleranz; Selbstbewusstsein),

d) ***Soziale Entwicklung*** (Kontaktfähigkeit; Hilfsbereitschaft; Konfliktbewältigung; Regelorientierung; Selbstständigkeit),

e) ***Sprachentwicklung*** (Freude am Sprechen, Lautbildung und Artikulation; Wortschatz; Satzbau und Grammatik; Inhalts- und Sprachverständnis),

f) ***Kognitive Entwicklung*** (Merkfähigkeit; Erfassung von Zahlen, Mengen und Größen; Abstraktes und logisches Denken),

g) ***Spiel- und Lernverhalten*** (verschiedene Interessen; Kreativität; Ausdauer und Konzentration)

Neben vielen Beispielen für typische Verhaltensweisen sind die (elementar-)pädagogischen Fachkräfte aufgefordert, kindbezogene Beobachtungen zu verschriftlichen, eine Beurteilung des Förderbedarfs vorzunehmen und bestimmte Maßnahmen zur Förderung aufzuführen.

- Die Beobachtungsbögen zur Erfassung kindlichen Verhaltens und kindlicher Entwicklungen von Lueger (2005) gehen auf folgende fünf Schwerpunktbereiche ein:

  1. Zunächst steht das *äußere Erscheinen und der motorische Gesamteindruck* im Vordergrund (körperlicher Entwicklungsstand, körperliche Auffälligkeiten, Gepflegtheit, Gesundheitszustand und Leistungsfähigkeit, Körperbeherrschung, Grobmotorische Bewegungen, Feinmotorik, Körperkoordination, Psychomotorik).

     Es folgen Beobachtungskriterien zu den *grundlegenden Bewegungsprinzipien und Bewegungsabläufen* (Muskelspannung, Bewegungssicherheit, Bewegungsgleichgewicht, Bewegungselastizität, Bewegungskoordination, Bewegungsschnelligkeit, Bewegungskräfte, Reaktionsfähigkeit und Bewegungsabläufe), der *Feinmotorik* (Allgemeine Geschicklichkeiten im Spiel- und Arbeitsverhalten, Hand-Finger-Geschicklichkeit, Umgang mit Pinsel und Farbe, visumotorische Geschicklichkeit und feinmotorische Koordination), *Psychomotorik, Handlungsplanung und Steuerung* (soziale Kompetenz, Eigenaktivität, Körperschema, motorische Überaktivität bzw. Gehemmtheit),

  2. *zur visuellen Wahrnehmung* (visumotorische Koordination, Figur-Grund-Wahrnehmung, Wahrnehmungskonstanz, Wahrnehmung der Raumlage und Wahrnehmung räumlicher Beziehungen), zur *auditiven Wahrnehmung* (auditive Lokalisation, Aufmerksamkeit, Merkfähigkeit, Diskrimination, Figur-Grund-Wahrnehmung, auditiv-kinästhetische

Koordination), zur *vestibulären Wahrnehmung,* zum *taktil-kinästhetischen Bereich,* Stellungssinn, Bewegungssinn, Kraftsinn, Spannungssinn und taktiles Differenzierungsvermögen, zur *gustatorischen und olfaktorischen Wahrnehmung* (= Geschmack und Geruch),

3. zum *allgemeinen Sprachverhalten* (Sprachliche Umgebung des Kindes, Sprachvorbild(er), Kommunikation mit Erwachsenen, der Erzieherin und mit anderen Kindern, Beteiligung des Kindes an Gesprächssituationen, Interesse an sprachlichen Aktivitäten, Begegnung des Kindes mit Schrift etc.) und den physiologischen Voraussetzungen, *zur Gesprächsbereitschaft und zum Anweisungsverständnis, zur Sprachfähigkeit, zum Sprachgedächtnis, zur phonologischen Bewusstheit* und zur *Begegnung mit Symbolen und Schrift.*

4. Schließlich geht es im Entwicklungsbereich „Denken" um die *differenzierte Wahrnehmung, das kausale Denken, die Art und Weise der Wissensaneignung, das Gedächtnis* und um die *Intelligenz sowie Problemlösung.*

5. Der letzte Bereich befasst sich mit der Erfassung *emotionaler und sozialer Kompetenzen.* Auch hier sind zu allen Bereichen entsprechende Beispiele genannt und die Fachkräfte sind aufgefordert, aus einem Beobachtungszeitraum über vier Quartale entsprechende Ziele zu formulieren, Angebote zu entwickeln und Ergebnisse zu reflektieren.

Eine sehr umfangreiche Grundlage für Entwicklungs- und Beurteilungsberichte liefert Prof. Ledl von der Pädagogischen Akademie des Bundes in Wien (2003). Auch wenn er einen speziellen Bogen zum Schuleingangsbereich vorschlägt, kann die Struktur grundsätzlich auch auf ältere oder jüngere Kinder übertragen werden. Dabei entsprechen die fünf Strukturfelder exakt den Entwicklungsbereichen, die

Dagmar Lueger ihren Beobachtungsbögen zur Erfassung kindlichen Verhaltens und kindlicher Entwicklungen zugrunde legt:

1. *Motorischer Bereich* (Grobmotorik – allgemeine Geschicklichkeit, Bewegungssicherheit, Bewegungselastizität, Bewegungskoordination, Bewegungsschnelligkeit, Reaktionsfähigkeit, Visumotorische Koordination; Bewegungsgeschicklichkeit. Feinmotorik – allgemeine Geschicklichkeit, Hand-Finger-Geschicklichkeit, feinmotorische Koordination. Handlungsplanung und Handlungssteuerung – Körperschema, Raumlage, bilaterale Koordination, Überkreuzung der Körpermitte, motorische Aktivität, ausgewogene Lateralität, Seitigkeitsprüfung.);

2. *Wahrnehmungsbereich*: a) visuelle Wahrnehmung, b) auditive Wahrnehmung, c) taktil-kinästhetische Wahrnehmung, d) Gleichgewichtswahrnehmung, e) mnestische Funktionen (= Aufmerksamkeit und Konzentration);

3. *Sprachlicher Bereich*: a) Gesprächsbereitschaft, b) Anweisungsverständnis, c) Sprachfähigkeit, d) Sprachgedächtnis, e) Auffälligkeiten in der Sprache;

4. *Kognitiver Bereich:* a) Kurz- und Langzeitgedächtnis, b) Produktives und rechnerisches Denken;

5. *Sozial-emotionaler Bereich:* a) emotionale Stabilität, psychische Verfassung, Selbstsicherheit und Selbstwertgefühl; b) Sozialverhalten (Kontaktverhalten, Kooperations- und Konfliktverhalten, Selbstkontrolle und Regelbewusstsein); c) *Lern- und Arbeitsverhalten* (Lernbereitschaft, Arbeitshaltung, Selbstständigkeit).

- Der „Beobachtungsbogen zur Erfassung von Entwicklungsrückständen und Verhaltensauffälligkeiten bei

Kindergartenkindern“ (Mayr, 1998) soll die Früherkennung besonderer Schwierigkeiten erleichtern und Fachkräften dabei behilflich sein, Alltagsbeobachtungen festzuhalten, zu strukturieren und als Hinweis für Hilfsangebote, Gesprächsgrundlage mit Kollegen, Eltern oder Fachdiensten dienen. Die Höhe der Ausprägung eines Problems kann dabei in drei Stufen skizziert werden (unauffällig, leicht ausgeprägt und stark ausgeprägt) und eigene Beispiele, Beschreibungen und Anmerkungen sollen eine möglichst genaue Faktenabbildung wiedergeben.

Im Einzelnen geht es um die fünf folgenden Bereiche:

a) *Sprache und Sprechen* (Lautbildung, Satzbau, Grammatik, Stimme, Atmung, Redefluss, Kommunikation, altersgemäße Sprache, Sprachverständnis, Mundmotorik),

b) *Kognitive Entwicklung* (ordnen und unterscheiden, Merkfähigkeit und Gedächtnis, Auffassungsgabe und logisches Denken, Ideenreichtum und Kreativität),

c) *Wahrnehmung und Orientierung* (visueller, auditiver, taktil-kinästhetischer Bereich), *Motorik* (Grobmotorik, Krafteinsatz, Feinmotorik),

d) *Verhalten* (Aggression in der Gruppe, Aggression im Kontakt mit der Erzieherin, Schüchternheit und Hemmung, Distanzlosigkeit, Angst vor Nähe, Überempfindlichkeit, motorische Unruhe, Aufmerksamkeit, Konzentration und Ausdauer, Arbeitsverhalten, Selbstständigkeit, Soziale Kontakte und Stellung in der Gruppe),

e) *Einzelsymptome, Gesundheit und körperlicher Zustand* sowie *familiäre und psychosoziale Belastungen.*

- Im Unterschied zu den bisher vorgestellten Verfahren ist es auch möglich, Entwicklungsberichte oder Beurteilungen frei von bestimmten Entwicklungsbereichen zu formulieren. So schlägt Strätz (2005) in Ausrichtung auf den Vorschlag des Caritasverbandes für die Diözese Münster e.V. (Referat Tageseinrichtungen für Kinder, 2004) folgenden Aufbau einer persönlichen Dokumentation über alle Kinder in der Gruppe vor und dabei sieht er es als hilfreich an, durch Impulsfragen und freie Formulierungen zu aussagekräftigen Beschreibungen zu kommen:

  1. *Welche Stärken und individuellen Talente oder Vorlieben hat das Kind*? (Bezogen z. B. auf Bewegungsfähigkeit, Sprachkompetenz/Ausdrucksfähigkeit/Kommunikationsfähigkeit, Spielverhalten, Gestalten/Kreativität/Fantasie, Umgang mit Medien, Erschließung von Lebenswelten/Natur und kultureller Umwelt, soziale Kompetenzen ...);
  2. *Persönlichkeitsentwicklung des Kindes* (z. B. Selbstständigkeit, Selbstvertrauen, Selbstbewusstsein, Selbstwertgefühl, Ausgeglichenheit, Emotionalität, Empathie ...);
  3. *Engagiertheit des Kindes* (Womit beschäftigt sich das Kind besonders gern? Wie intensiv, engagiert und konzentriert geht es dieser Beschäftigung nach? Welche Themen/Anliegen sind für das Kind besonders wichtig? Welches Spiel oder welche Aktivitäten bevorzugt das Kind? Wie ist das individuelle Lerntempo des Kindes?)
  4. *Wie setzt das Kind seine eigenen Selbstbildungspotenziale im Bildungsprozess ein?* (z. B. Wahrnehmungsfähigkeit, innere Verarbeitung durch Eigenkonstruktion, Fantasie, durch sprachliches und naturwissenschaftlich-mathematisches Denken, Fähigkeit zum sozialen Austausch, Umgang mit Komplexität und Lernen in Sinnzusammenhängen,

Neugierde/forschendes Lernen/individuelle Lernstrategien ...);

5. *In welchem Bereich/welchen Bereichen seines individuellen Lernweges benötigt das Kind Unterstützung, Anregung, Förderung oder Freiräume?* (Hinsichtlich der Bildungsbereiche/der individuellen Selbstbildungspotenziale des Kindes);

6. *Welche pädagogischen Handlungsstrategien ergeben sich auf der Grundlage der aktuellen Beobachtung für das Kind?* (z. B. individuelle Förderangebote, Gruppensituation, Beratungsgespräche mit Eltern, Reflexion im Team).

   Neben diesen Aufzeichnungen folgen *Fragen zur Selbstreflexion:* Was berührt mich bei dem Kind? Welche Erwartungshaltung habe ich dem Kind gegenüber? Wodurch löst es bei mir Zuwendungs- oder Abwehrverhalten aus? Was hat dieses Erleben mit meiner eigenen Biografie zu tun? Was will mir das Kind mit seinem Verhalten sagen? An welchen Punkten hat sich meine Wahrnehmung und Einschätzung des Kindes unter Berücksichtigung meiner Selbstreflexion verändert? Was hat sich im Vergleich zur letzten Beobachtung verändert? Mit welcher Einstellung und Haltung führe ich das Gespräch mit den Eltern zu den Inhalten und Ergebnissen der Beobachtung? Wurde dies vorab im kollegialen Austausch im Team oder im Gespräch mit der Leitung zur Sicherung möglichst hoher Objektivität beraten?

Denkbar wäre aber auch ein Beobachtungsraster, bei dem die neun Entwicklungsbereiche eines Kindes als Ausgangspunkt angesetzt und vielfältige, unterschiedliche Beobachtungen mit Beispielen beschrieben (und damit dokumentiert) werden (Sprache/Sprechen; kognitive Intelligenz; Denken, kognitive Kompetenz, Fantasie; Kommunikationsverhalten, Soziabilität; Gefühle, emotionale Intelligenz; Werte, Umgangskultur; Motorik, Selbstständigkeit; Interessen, Spiel, Freizeitverhalten; Neugierde, Lernverhalten). Auch wenn diese neun Entwicklungsbereiche als einzelne Schwerpunktfelder aufgeführt sind, so ist in der entwicklungspsychologischen Forschung bekannt, dass alle Entwicklungsbereiche miteinander verzahnt (= vernetzt) sind. Das heißt: Selbstverständlich ist es möglich, spezifische Beobachtungen einzelnen Bereichen zuzuordnen. Gleichzeitig gilt es aber auch als eine Selbstverständlichkeit, im Nachhinein Vernetzungen herzustellen, weil zwischen den Entwicklungsbereichen **gegenseitige Abhängigkeiten** bestehen. So beispielsweise zwischen emotionalen Kompetenzen und kognitiven Leistungen, sprachlichen Ausdrucksmöglichkeiten und der motorischen Entwicklung, der Sprachkompetenz und dem Spielverhalten, dem umgangskulturellen Verhalten und der sozialen Kompetenz, der emotionalen Intelligenz und dem Lernverhalten ... Wer daher um diese **Interdependenzen** weiß, wird nicht überrascht sein feststellen zu können, dass Entwicklungsunterstützungen in einem Entwicklungsfeld (z. B. der Werteentwicklung) direkte Auswirkungen auf einen anderen Entwicklungsbereich haben können (in diesem Fall z. B. auf den sozialen Bereich). In umgekehrter Betrachtung kann es aber auch bedeuten, dass direkte, gezielte Entwicklungsförderungen (z. B. im sprachlichen Bereich) keine **nachhaltigen Auswirkungen** nach sich ziehen müssen, wenn beispielsweise Neugierde, Lernfreude und Lernmotivation nicht gleichzeitig in einem Entwicklungsvorgang provoziert wurden. Die (Un-)Wirksamkeit von „Fördermaßnahmen" bekommt dadurch ihren Sinn und liefert gleichzeitig eine stimmige Begründung.

Schließlich schlägt Thomas Denning (2007) eine Aufbaustruktur für Beobachtungs- und Entwicklungsdokumentationen vor, aus der an dieser Stelle einige Beispiele in Stichworten genannt seien:

a) Selbstständigkeit/Vertrauen (Lösung von Bezugspersonen; selbstständiges An- und Ausziehen; sicheres Verhalten in der Einrichtung;

Ausprobieren von neuen Tätigkeiten; selbstständige Beschäftigung ...)

b) Soziales Lernen (Spiel mit anderen Kindern; Akzeptanz von Spielregeln; Pflege von Freundschaften; Äußerung von Bedürfnissen; Ausdruck von Gefühlen; Konfliktlösekompetenz; Kooperationsverhalten ...)

c) Spielverhalten (kann sowohl alleine als auch mit anderen Kindern spielen; kann bei einem Spiel bleiben; beherrscht unterschiedliche Spielformen; nutzt die Vielfalt der Spielmaterialien ...)

d) Lebenspraxis (versorgt sich selbstständig mit Speisen; beachtet Tisch- und allgemeine Umgangsregeln; kann sich angemessen bei Unter-/Überforderungen zur Wehr setzen ...)

e) Motorik (kann balancieren, hüpfen, springen, klettern, laufen; beherrscht einige Ballspiele; kann mit dem Roller, Dreirad, Fahrrad fahren; kann einen Stift entspannt halten und Gedanken in gemalte Bilder umsetzen; kann Perlen etc. auffädeln ...)

f) Wahrnehmung (erkennt und unterscheidet akustische Signale, Formen, Farben; kann sich gezielt konzentrieren; kann eigene und fremde Bedürfnisse erkennen ...)

g) Kognition (kann Handlungsschritte aufeinander aufbauend umsetzen; besitzt eine Merkfähigkeit; beendet begonnene Tätigkeiten; erkennt Kausalzusammenhänge; entwickelt eigene Ideen; kennt Größen- und Mengenbegriffe; erkennt Regeln; ist lernbegierig und probiert Neues aus ...)

h) Sprache (beherrscht die Muttersprache vollständig; zeigt in unterschiedlichen Situationen eine Sprechbereitschaft; ist sprechsicher; erzählt von Erlebnissen und Erfahrungen; drückt Sprechfreude aus; kommuniziert mit anderen Kindern und Erwachsenen; hat eine deutliche Aussprache; bildet vollständige Sätze; formuliert die Sätze grammatikalisch richtig; hat einen altersgemäßen Wortschatz ...)

i) Emotion (besitzt sowohl Frustrationstoleranz als auch eine Frustrationsgrenze; bringt seine aktuelle Befindlichkeit zum Ausdruck; besitzt Empathie; kann eigene Wünsche und Vorstellungen auch einmal zurückstellen ...)

Es gilt festzuhalten, dass es aufgrund der jeweils besonderen Fragestellungen und der unterschiedlichen Zielsetzungen für Entwicklungsberichte und Beurteilungen keine eindeutige „Empfehlung für das ‚richtige' oder ‚beste' Verfahren" geben kann (vgl. Rohrmann, 1996, S. 59). Vielmehr ergibt sich die Entscheidung durch die genaue Aufgabenstellung selbst und die damit verbundenen, besonderen Merkmale, die für die aufgeworfene Fragestellung besonders hilfreich zu sein scheinen und die für den Entwicklungsbericht bzw. die Beurteilung die größte Aussagekraft besitzen. Dabei kann jeder Aufbau und jede Struktur einer bestehenden Arbeitshilfe auch durch eigene Kriterien erweitert werden.

Literatur

Bertelsmann Stiftung (Hrsg.) (2008): Frühe Bildung beobachten und dokumentieren. Gütersloh: Verlag Bertelsmann Stiftung

Denning, Thomas (2007): Schritt für Schritt zur eigenen Beobachtung und Dokumentation. Praxisbeispiele, Entscheidungshilfen, Anregungen und Musterbögen. Troisdorf: Bildungsverlag EINS

Gartinger, Silvia (2009): Früheste Beobachtung und Dokumentation. Bildungsarbeit mit Kleinstkindern. Troisdorf: Bildungsverlag EINS

Held, Nina (2010): Spielanlässe zur Erstellung von Bildungsdokumentationen. Spielerische Angebote für gezieltes Beobachten und Dokumentieren in der Kita. Münster: Ökotopia Verlag

Kazemi-Veisari, Erika: (2005) Von der Beobachtung zur Achtung. In: KiTa aktuell ND, Heft Nr. 6/2005

Krenz, A (2009): Beobachtung und Entwicklungsdokumentation im Elementarbereich. München: Olzog Verlag

Krenz, A. (2001): Qualitätssicherung in Kindertagesstätten. München, Reinhardt

Mayr, Toni + Ulich, Michaela (1998): BEK - Beobachtungsbogen zur Erfassung von Entwicklungsrückständen und Verhaltensauffälligkeiten bei Kindergartenkindern. München: Staatsinstitut für Frühpädagogik

Rohrmann, Tim (1996): Beobachtungsverfahren und Befragungsmöglichkeiten von Kindern im Kleinkindalter. Eine Expertise im Rahmen des Projekts „Konfliktverhalten von Kindern in Kindertagesstätten" des Deutschen Jugendinstituts München: München, DJI

Strätz, R. und Demandewitz, H. (2003): Beobachten. Anregungen für Erzieherinnen im Kindergarten. Weinheim: Beltz

„Das Spiel ist der Beruf des Kindes!“ – Die hohe Bedeutung des Spiels als Bildungsmittelpunkt für Kinder und als Basiswert einer späteren „Schulfähigkeit“

Grundsatzgedanken zur Psychologie des Spiels

Wenn sich (sozial-)pädagogische Fachkräfte mit dem großen und gleichzeitig bedeutsamen Thema „Psychologie des Spiels" auseinandersetzen wollen, wird zunächst eines sehr deutlich werden: es gibt **kaum einen zweiten Themenschwerpunkt in der Psychologie und Pädagogik,** der in einem gleichen Maße so umfangreich in der Literatur berücksichtigt und behandelt wurde/wird. So sind Hunderte von Büchern auf dem Markt, die sich dem „Spiel" zuwenden und es gibt weltweit ungezählte wissenschaftliche Untersuchungen, die sich ganz bestimmten Phänomenen des Spiels gewidmet haben. Die Frage nach dem „Warum" ist auf den ersten Blick vielleicht schnell zu beantworten – weil das Spiel(en) in allen Kulturen und zu allen Zeiten ein fester Bestandteil im Leben des Menschen war bzw. ist und dadurch überall eine große Beachtung findet.

Ob in der Steinzeit, der Antike, im Hochland von Mexiko oder im alten Ägypten, im Mittelalter, in sakralen Handlungen oder auf Hinterhöfen: auf der ganzen Welt legen Aufzeichnungen, Dokumente und Berichte Zeugnis davon ab, **dass das Spiel aus dem Leben des Menschen nicht wegzudenken war** und es damit ganz offensichtlich eine **wichtige Funktion im Leben** von Menschen erfüllt hat. Insofern kann dieses wichtige ***Phänomen Spiel*** auch in der Alltagspädagogik gar nicht ausgeblendet werden, sondern muss zweifelsohne eine Berücksichtigung in der Kleinkindpädagogik finden. Andreas Flitner, einer der großen Spielforscher des letzten Jahrhunderts, schrieb:

„Das Kinderspiel ist eine zu auffällige Erscheinung aller Zeiten und aller Kulturen, als dass die Menschen es nicht von jeher beachtet [...] hätten [...] Schon die frühesten Bilder des alten Reichs der Ägypter zeigen Puppen, Spieltiere, Bälle und Wagen zum Ziehen; sie zeigen Kinder, die tanzen und hüpfen, übereinander wegspringen und sich balgen, ja sogar theatralische Szenen spielen und dabei Masken tragen [...]. In der vorindustriellen Gesellschaft haben die Kinder auch unmittelbar an den

eigenen Spielen der Erwachsenen teilgenommen [...], so wie ihr ganzes Kinderleben noch in das Leben und Arbeiten der Erwachsenen eingefügt war. Erst das Industriezeitalter zerstörte diese Gemeinschaft. Erst an der Schwelle entstand deshalb die moderne pädagogische Reflexion, welche Theorie und Erforschung des Kinderspiels ermöglichte."

Flitner 1977, S. 13

Heute hingegen verbinden viele Menschen mit dem Begriff „Spiel" weniger bedeutsame Lebensrituale oder gesellschaftspolitische Aspekte als vielmehr die einfache Gleichung, dass das Spiel vor allem etwas sei was zu Kindern gehöre. Jeder, der sich mit seiner eigenen Kindheit beschäftigt wird automatisch auch an eigene Kinderspiele denken.

Nebenbei fällt aber auch auf, dass das Wort selbst in unserer Sprache häufiger vorkommt als auf den ersten Blick gedacht. So sagen wir bei Dingen, die uns unwichtig erscheinen: „Das *spielt* doch keine Rolle." Menschen, die ein hohes Risiko eingegangen sind, haben „alles aufs *Spiel* gesetzt" und wenn eine befreundete Person etwas getan hat, durch das man selbst tief verletzt wurde und von der man sich nun trennen wird, hat sie „ein für alle Mal *verspielt*". Menschen, die das Leben nicht so ernst nehmen, besitzen aus Sicht der ernsthafteren Personen eine *„Spielernatur"* und andere wiederum sind der festen Überzeugung: „Das ganze Leben ist ein *Spiel*". Wenn jemand ein außergewöhnlich hohes Risiko eingeht, dann sagen wir, er *„spielt* mit dem Feuer" und wenn jemand etwas nicht versteht heißt es: „Der weiß gar nicht, was hier *gespielt* wird." Menschen, die viele Schicksalsschläge hinnehmen mussten, wurde „im Leben übel *mitgespielt*" und einem Übeltäter kann es passieren, dass er bei seiner Festnahme die Worte hört: „Das *Spiel* ist aus."

So vielschichtig die jeweiligen Bedeutungen dieser alltagssprachlichen Aussagen sind, so unterschiedlich werden auch in der „Psychologie des Spiels" bestimmte Phänomene betrachtet. Doch darf diese Tatsache nicht dazu führen, dass man sich weniger ernsthaft diesem

„Phänomen Spiel" zuwendet. Im Gegenteil: Es kommt darauf an, in der ungewöhnlich großen Menge fachwissenschaftlicher Arbeiten das Wesentliche zu entdecken und für die Praxis nutzbar werden zu lassen. Im Rahmen des 16. Weltkongresses der Internationalen Gesellschaft für Spiel (IPA – International Play Association), die 2005 in Berlin tagte und bei der sich Fachleute aus aller Welt darüber austauschten, welche Rolle das Spiel(en) heute einnimmt, äußerten sich beispielsweise Fachleute und Politiker wie folgt:

„Allzu oft wird Spiel als Zeitvertreib betrachtet, um Kinder ruhig zu halten bis sie erwachsen sind. Allzu oft wird Spiel auch als ein Bildungswerkzeug angesehen. Aber nur selten ist man sich der Tatsache bewusst, dass Kinder beim Spielen für das Leben lernen." (Jan van Gils, IPA Präsident 2005)/„Beim Spielen lernen Kinder den Umgang mit anderen; sie probieren sich aus, entwickeln körperliche Fähigkeiten und geistige Talente. Darum müssen Kinder spielen dürfen ... Ich freue mich besonders, wenn Erwachsene den Lärm spielender Kinder als Zukunftsmusik empfinden." (Horst Köhler, ehem. Bundespräsident der Bundesrepublik Deutschland)/„Spielen ist ein Kinderrecht. Wir alle sind aufgefordert, uns für dieses Recht einzusetzen." (Edelgard Bulmahn, damalige Bundesministerin für Bildung und Forschung)/„... für Kinder ist die Fähigkeit zu spielen einzigartig. Hier können sie ihre Gefühle artikulieren und aktiv ihre Umgebung mitgestalten." (Renate Schmidt, damalige Bundesministerin für Familie, Senioren, Frauen und Jugend)/„Kinder lernen im Spiel am besten. Und sie eignen sich dabei mehr an als es jede Paukerei vermag: nämlich ein lebendiges Wissen, das nicht auswendig gelernt werden kann ..." (Klaus Wowereit, Regierender Bürgermeister von Berlin)

Zur Theorie des Kinderspiels

Ein Blick in die Zeitgeschichte zeigt, dass verschiedene Vertreter aus den Bereichen der Philosophie, Theologie, Psychologie, Pädagogik,

Medizin, Soziologie und der Anthropologie ihre Einschätzung zur Funktion und Bedeutung des Spiels für die Entwicklung des Menschen vorgenommen haben. So unterschiedlich die Berufsfelder sind, so unterschiedlich, widersprüchlich und gegensätzlich sind auch deren Sichtweisen. Aus ihnen entstanden Meinungen und Hypothesen, warum Kinder in den meisten Fällen gerne und intensiv spielen, welche Wirkungen das Spiel auf die Entwicklung der kindlichen Persönlichkeit hat, ob das Spiel auch einen gesellschaftsrelevanten Sinn besitzt und inwieweit das Spiel im Rahmen unterschiedlicher pädagogischer bzw. psychologischer Zielsetzungen genutzt werden kann bzw. eingesetzt werden sollte. Aus diesem Grunde scheint es sinnvoll zu sein, die bedeutendsten Vertreter und ihre jeweiligen Einschätzungen in Kürze zu nennen. *Hall* und *Wund* gehen davon aus, dass **sich im Spiel des Kindes die Stammesentwicklung (Philogenese) des Menschen wiederholt.** Sie beziehen sich dabei vor allem darauf, dass Kinder mit Vorliebe Erd-/Holz- oder Baumhöhlen bauen, auf Abenteuerspielplätzen ihrem ungebremsten Entdeckerinteresse nachgehen oder selbst mit Spielgegenständen immer wieder Häuser errichten, mit Dinosauriern hantieren oder Jagdrollenspiele und Ähnliches unternehmen. *Spencer* vertritt die sogenannte **Kraftüberschusstheorie**. Seiner Meinung nach steckt das Kind voller Energie und nutzt das Spiel dazu, seine unverbrauchte Kraft hierbei umzusetzen. Diese Annahme kann beispielsweise dadurch gestützt werden, wenn wir Kinder beobachten, die gerade bei Bewegungsspielen ein unglaubliches Maß an Handlungsdrang ausagieren. *Schaller* – ähnlich wie *Guts-Muths* – glaubt, dass das Spiel dem Menschen die Möglichkeit bietet, **nach einer partiellen Erschöpfung einen wichtigen Ausgleich zu finden** und *Carr* ist davon überzeugt, dass im Spiel **aufgestaute Gefühle,** dem Menschen inne liegende Instinkte und gedankliche sowie motorische Impulse **abreagiert werden können.** *Locke* gesteht dem Kind zu, das Spiel aus dem Grunde zu erleben, dass es im Gegensatz zum Erwachsenen noch nicht in der Ernsthaftigkeit des Lebens eingebunden ist und *Kant* sieht im Spiel eine absichtslose Beschäftigung, die lediglich **der eigenen Muße dienlich ist.** *Schiller* schuf mit seinen philosophischen Betrachtungen „über die ästhetische Erziehung des Menschen in einer Reihe von Briefen" eine Vernetzung zwischen Spiel, Schönheit und ästhetischem Sein. Er schätzt das Spiel als etwas so Bedeutsames ein, das es den Menschen erst vollständig macht. *Groos* vertritt in seiner **Einübungs- und Vorübungstheorie** die Ansicht, dass das Kind im Spiel die Möglichkeit findet, die vielfältigsten, angelegten Fähigkeiten zu üben und mit zunehmendem Alter in einer Form der Selbstausbildung weiter zu entwickeln. *Richter* geht von einem experimentierenden Spiel einerseits und vom dramatisierenden Phantasieren und **Entladen körperlichen Überschusses** durch Bewegung andererseits aus. Dabei geht seiner Meinung nach das Kind mit allen Gegenständen im Spiel so um als wären sie lebendig. *Stern* schätzt das Spiel als eine Tätigkeit ein, die einen direkten Bezug des Kindes zu den drei Zeitdimensionen – Vergangenheit, Gegenwart und Zukunft- besitzt und **in deren zeitlichen Dimensionen symbolische, magische und entwicklungsausgerichtete, funktionsübende Momente zum Tragen kommen**. *Bühler* gibt der **Funktionslust** des Kindes mit seiner **Spiel- und Wiederholungsfreude** die größte Bedeutung und geht davon aus, dass das Kind durch seine hohe Spontaneität immer wieder versucht, aktuell herausfordernde Situationen spielend zu bewältigen und zu meistern. Für *Fröbel* wird das Spiel **zur höchsten Stufe der Kindheitsentwicklung,** in der es vor allem darum geht, Äußerliches innerlich und Innerliches äußerlich zu machen, entsprechend der Vorstellung, dass Eindrücke ausgedrückt werden müssen und das eigene Ausdrucksverhalten einen Eindruck in der Welt hinterlassen soll.

Der Niederländer *Buytendijk* vergleicht das Spiel mit einem Theaterstück, in dem es immer einen Anfang, einen Höhepunkt und ein Ende gibt. Für ihn geht es um die **spielerische Dynamik** im Umgang mit Dingen oder Lebewesen, die für das Kind im Spiel eine besondere Bedeutung besitzen und aus diesem Grunde dazu geeignet sind, eine Spieltätigkeit auszulösen. Der Philosoph und Kunsthistoriker

Huizinga geht von einem sehr weiten Spielbegriff aus. Er sieht **die gesamte Kultur als eine Form des Spiels** an, indem er beispielsweise die Spielregeln in der Kommunikation als ein „Spiel mit Regeln" betrachtet, Menschen ihre individuellen „Spielrollen" übernehmen und das ganze Leben ein „Spiel" ist. *Piaget* ordnet das Spiel des Kindes als einen permanenten Versuch ein, sein Umfeld in das eigene Denken, Handeln und Gestalten einzubeziehen, **um erlebte Situationen zu begreifen und möglichst aktiv mitbestimmen zu können**. Für ihn ergibt sich daraus die logische Notwendigkeit, dass damit das Kind im Spiel vor allem eine egozentrische Haltung einnehmen und ausdrücken wird. *Hetzer* glaubt im Spiel der Kinder eine wesentliche **Möglichkeit ihrer Befriedigung** entdecken zu können. Ereignisse, die aus Sicht der Kinder unbefriedigend oder belastend verliefen, können nun durch das Nachspielen und ein anderes Gestalten einen nachträglich besseren Verlauf nehmen als in der erlebten Realität. *Haigis* glaubt, dass das Spiel vor allem die „**Lust an existenzieller Erregung**" für Kinder bedeutet – jedes Risiko schafft ein Erlebnis zur emotional bestärkenden Berechtigung der eigenen Existenz und lässt das Kind damit spüren: „Ich bin wer! Nämlich ich." *Freud* vertritt in der Einschätzung und Beurteilung des kindlichen Spiels die Katharsishypothese. Seiner Einschätzung nach führt jedes Spiel zu einer **Reinigung (Katharsis) von Erlebnissen, Erfahrungen und Eindrücken aus der Vergangenheit und hilft dem Kind immer wieder aufs Neue, sein seelisches Gleichgewicht aktiv wiederherzustellen.**

Diese Übersicht stellt lediglich eine Auswahl an sogenannten Spieltheorien dar. Bei näherer Betrachtung müssen interessierte (sozial-) pädagogische Fachkräfte zu folgenden Schlüssen kommen:

- Jede Einschätzung zur Funktion und Bedeutung des Spiels ist aus einer bestimmten ideologischen Haltung oder einem bestimmten Kenntnisstand heraus konstatiert.
- Die Einschätzungen des Spiels reichen von einer besonderen Wertschätzung bis zu einer unumstößlich größten

Bedeutung für die kindliche Entwicklung. Diese besonders hohe Bedeutung wird ganz aktuell durch den Kinderarzt und Ethnologen, Dr. Herbert Renz-Polster unterstrichen, der speziell dem freien Spiel in der Natur einen unersetzbaren Bedeutungswert für die gesamte Entwicklung des Menschen zuordnet. Er beschreibt diesen Umstand mit einem Erfahrungsfeld, „das unter die Haut geht", das Abenteuer bedeutet und eine sinnliche Dichte wie nichts Vergleichbares bereit hält. Beim freien Spiel in der Natur ist das Kind dem LEBEN ausgesetzt und wer in Freiheit leben will, muss diese Freiheit erfahren können. Andernfalls ist das Kind der „schleichenden Enteignung der Kindheit" ausgesetzt (2013, S. 50, 61, 67).

- Die besondere Bedeutung des Spiels für die weitere Entwicklung des Kindes entstand erst von dem Zeitpunkt an, als auch das Kind selbst (unter dem Gesichtspunkt einer eigenen Entwicklungszeit, der Kindheit) immer stärker in den Mittelpunkt einer respektvollen Betrachtung gerückt wurde.

- *Eine „alleinige"* Spieltheorie gibt es aufgrund der unterschiedlichen Sichtweisen nicht!

- Da das Spiel des Menschen – in der Kindheit, Jugendzeit und Erwachsenenwelt – eine immer schon existierende Ausdrucksform war und ist muss davon ausgegangen werden, dass das **Spiel eine *Lebensnotwendigkeit*** ist.

- Die Bedeutung des Spiels für die weitere Entwicklung von Kindern kann aus zweierlei Sichtweisen betrachtet werden: der Erwachsenensicht mit ihren dogmatischen Absichten und aus der Perspektive des Kindes und seinen Entwicklungswünschen und -möglichkeiten. So besteht heute kein Zweifel daran, dass das Spiel in der Entwicklung des Kindes eine ganz zentrale Stellung einnimmt. ***Spiel ist damit keine Spielerei!***

So unterschiedlich und auch widersprüchlich die „Spieltheorien" von ihren Verfasser/innen geprägt sind, so vielschichtig stellt sich das Spiel auch in der Praxis dar. Immer wieder haben Wissenschaftler/innen aus vielen Ländern und zu unterschiedlichen Zeiten versucht, eine *Definition* des Spiels zu finden und es existieren in der Vielfalt der Literatur auch ungezählte, unterschiedliche Ansätze einer Definition. Vielen Definitionen ist vor allem eines gemeinsam: sie betonen die „**freie Handlung**" des Spiels. So haben sich bis in die heutige Zeit zwei Grundaussagen von *Huizinga* und *Caillois* allgemein durchgesetzt:

„Spiel ist eine freiwillige Handlung oder Beschäftigung, die innerhalb gewisser festgesetzter Grenzen von Zeit und Raum nach freiwillig angenommen, aber unbedingt bindenden Regeln verrichtet wird, ihr Ziel in sich selbst hat und begleitet wird von einem Gefühl der Spannung und Freude und einem Bewusstsein des ‚Anderseins' als das ‚gewöhnliche Leben'."

Huizinga 1956, S. 46

Und Caillois ergänzt diesen Gedankengang:

„Das Spiel ist: 1. eine freie Betätigung, zu der der Spieler nicht gezwungen werden kann, ohne dass das Spiel alsbald seines Charakters der anziehenden und fröhlichen Unterhaltung verlustig ginge; 2. eine abgetrennte Betätigung, die sich innerhalb genauer und im voraus festgelegter Grenzen von Zeit und Raum vollzieht; 3. eine ungewisse Betätigung, deren Ablauf und deren Ergebnis nicht von vornherein feststeht, da bei allem Zwang, zu einem Ergebnis zu kommen, der Initiative des Spielers notwendiger Weise eine gewisse Bewegungsfreiheit zugebilligt werden muss; 4. eine unproduktive Betätigung, die weder Güter noch Reichtum noch sonst ein neues Element erschafft, und die, abgesehen von einer Verschiebung des Eigentums innerhalb des Spielerkreises, bei einer

Situation endet, die identisch ist mit der zu Beginn des Spiels; 4. eine geregelte Betätigung, die Konventionen unterworfen ist, welche die üblichen Gesetze aufheben und für den Augenblick eine neue, allgemeingültige Gesetzgebung einführen; 5. eine fiktive Betätigung, die von einem spezifischen Bewusstsein einer zweiten Wirklichkeit oder einer in Bezug auf das gewöhnliche Leben freien Unwirklichkeit begleitet wird."

Caillois 1958, S. 16

Ergänzt werden kann diese letzte Definition durch die Fixpunkte, die Chateau dem Spiel zuschreibt: Spiele haben keinen materiellen Wert, sie sind durch Freude charakterisiert, **die erlebte Spielfreude ist aktiv und unmittelbar,** sie zeichnen sich durch einen bestimmten Spielernst aus, sie bedeuten Wettkampf – wenn nicht mit anderen, somit sich selbst - und das Spielen ist ein Aufsuchen von Schwierigkeiten, um sie selbst zu meistern (Chateau 1964). Vielleicht hat *Portmann* das Spiel am einfachsten und prägnantesten definiert, wenn er schreibt:

„Spiel ist freier Umgang mit der Zeit, ist erfüllte Zeit; es schenkt sinnvolles Erleben jenseits aller Erhaltungswerte; es ist ein Tun mit Spannung und Lösung, ein Umgang mit einem Partner, der mit einem spielt – auch wenn dieser Partner nur der Boden ist oder die Wand, welche dem Spielenden den elastischen Ball zurückwerfen."

Portmann 1976, S. 60

Spielformen und ihre Bedeutung für die Entwicklung der individuellen und sozialen Identität

Wendet man sich nun den unterschiedlichen **Spielformen** zu, so ist festzustellen, dass es vielfältige Versuche und Ansätze gibt, das „Phänomen Spiel" im Allgemeinen und im Besonderen zu klassifizieren. Dabei stellt sich immer die Frage, nach welchen Kriterien bzw. Einteilungsprinzipien eine solche Spieleinordnung vorgenommen werden kann bzw. sollte, ist es doch sehr schwer, das „Spiel" in seiner ganzheitlichen Vielfalt zu erfassen.

So hat Prof. Dr. Hans Scheuerl Folgendes zum Ausdruck gebracht: *„Spiel enthielt und enthält offenbar allezeit paradoxe Züge: es umreißt Brutalität wie sensibelsten Feinsinn; es reicht vom Ästhetischen bis ins Obszöne, von der unmittelbaren Kraftäußerung, die sich selbst genießt, bis zur listigen Zurückhaltung und Verstellung, die ihre Augenblicksbedürfnisse mit kühlem Pokergesicht um des späteren Triumphes willen aufspart; es reicht vom elementaren Sich-Austoben bis zur gekonnten, beherrschten, manchmal lange trainierten Artistik"* (Scheuerl 1985, S. 15).

Die in der spielpädagogischen Forschung bekannten Klassifikationsmodelle erstrecken sich dabei vom **Entwicklungsmodell** (1) über das **Spielmodell** (2), das **Sozialformmodell** (3), das **Spielinhaltsmodell** (4), das **Funktionsmodell** (5), das **Spielortmodell** (6) und das **Spielmaterialmodell** (7).

In der ersten Klassifizierung ist der **Ausgangspunkt der spielende Mensch,** der einen jeweiligen Entwicklungsstand erreicht haben muss, um diese Spielform zu realisieren und in die nächste Spielform kommen zu können. Im Spiel-Modell ist das **Spiel selbst der Ausgangspunkt** (vom Wettkampfspiel zum rauschhaften Spiel), im Sozialformmodell ist es die **Art der Zusammenstellung der Mitspieler/innen** (vom Solospiel zum Großgruppenspiel), im Spielinhaltsmodell ist es die **Spieldidaktik und seine jeweilige besondere Bedeutung**, im Funktionsmodell ist neben der besonderen Spieltätigkeit auch der **Spielzweck** entscheidend, im Spielortmodell geht es primär um den **Ort der Spielhandlungen** (Spiele für drinnen oder draußen, Wasser-, Wald- oder Wiesenspiele ...) und im Spielmaterialmodell ist das **Spielmaterial selbst der Ausgangspunkt** (Ball-, Würfel-, Brett-, Kartenspiele etc.). Schaut man sich alle Klassifikationsmodelle an ergeben sich unweigerlich Fragen, weil einige Gliederungsschemata sehr allgemein und andere wiederum sehr eng gehalten sind, weil sie nur sehr wenige Kategorien enthalten. Doch darf diese Betrachtung nicht zu dem Schluss führen, auf jegliche Kategorisierung zu verzichten, auch wenn dies schon vor vielen Jahren z. B. die Spieleforscher *Buytendijk* und *Bally* gefordert haben. Eine Spielpädagogik kann und wird ohne eine Klassifizierung nicht auskommen können, weil ein Ordnungsschema gerade für die vielfältige Praxis hilfreich und für die Besonderheiten der unterschiedlichen Spielformen im Hinblick auf die Entwicklungsunterstützung bei Kindern von einem besonderen Wert ist. Auch wenn jeder Klassifizierungsversuch seine Schwächen besitzt, scheint dabei am besten ein Ordnungssystem zu sein, das sich entwicklungspsychologisch in der Reihenfolge der aufeinander aufbauenden Spielformen und durch ihre Auftretenshäufigkeit ergibt.

- Das **„Sensumotorische Spiel“**: Diese Spielform, die früher auch als „Funktionsspiel“ bezeichnet wurde, umfasst vor allem die Spielaktivitäten der ein- und zweijährigen Kinder. Ihre Freude an Körperbewegungen, das Spiel mit eigenen Körperteilen und einigen, wenigen Gegenständen. Die mehrfachen Spielwiederholungen und das lebhafte Interesse am Erlebnis von „Spannung und Entspannung“ motiviert Kinder immer wieder, Bewegungshandlungen auszuprobieren, Gegenstände in Bewegung zu bringen und Spielrituale zu wiederholen.
- **„Entdeckungs- und Wahrnehmungsspiele“**, auch „Informations- und Explorationsspiele“ genannt, beziehen sich darauf, Gegenstände und Zusammenhänge zu erkunden, Geräusche zu erfassen, Spielabläufe mit verschiedenen Materialien zu beobachten, die Beschaffenheit der Materialien zu „begreifen“, Neues an/in den Materialien zu erkunden und mit allen interessanten Dingen zu hantieren.
- Das **„Bauspiel“** mit (Holz-)Bausteinen, Alltags- oder Naturmaterialien kann auch als ein „werkschaffendes Spiel“ bezeichnet werden. Hier steht das Bedürfnis des Kindes im Vordergrund, etwas aufeinander, voreinander, hintereinander

zu legen, um beispielsweise hohe Türme, Häuser, Berge, Burgen, Wegbegrenzungen o. Ä. zu erbauen. Treibender Motor ist dabei die kindeigene Schaffensfreude, bei der das Kind die Erfahrung macht, ein „wirksamer Baumeister“ sein zu können.

- **„Produktionsspiele zum Gestalten“** gehen über ein eher eingegrenztes Material wie beim Bauspiel hinaus. Hier nutzen Kinder die unterschiedlichsten Dinge und Gegenstände wie Verpackungsmaterialien, Holzteile, Seile, Kartons, Papier, Kleber, Dosen etc., um alleine oder mit anderen Kindern ein bestimmtes Produkt zu erstellen. Die Vielfalt der Materialien und ihre unterschiedlichen Nutzungsmöglichkeiten geben den Ausschlag dafür, dass vor allem die Fantasie der Kinder angeregt und ihre Handlungsimpulse immer wieder aufs Neue aktiviert werden.

- Das **„Konstruktionsspiel“** bezieht sich nun wieder mehr auf ganz bestimmte Spielmaterialien, die miteinander verknüpft werden können und eine Einheit bilden. Das wohl bekannteste Konstruktionsspiel ist Lego. Neben der Freude und dem Interesse des Kindes, bestimmte Zielobjekte in freier Assoziation oder nach einer Vorgabe herzustellen, sind hier vor allem ganz bestimmte kognitive Leistungen gefragt wie beispielsweise Abstraktionsvermögen, perspektivisches und logisches Denken. Im Konstruktionsspiel müssen vor allem drei Aspekte zusammen kommen: das Kind mit seinen genauen Konstruktionsvorstellungen, das vorhandene Material, das die Konstruktionserstellung zulässt und das notwendige Werkzeug, das bei der Konstruktionserstellung unerlässlich ist (z. B. Schraubendreher).

- **„Bewegungsspiele“** drücken sich von einfachen Fangspielen, Such- und Versteckspielen bis hin zu komplizierteren Hüpf- und Ballspielen oder auch freien Bewegungsimprovisationen aus. Auch wenn hier zunächst ein „Wettkampfgedanke“ ins Spiel kommt, so darf in keinem Fall vergessen werden, dass Bewegungsspiele zu allererst eine geregelte Möglichkeit sind, motorisch geprägte Aktivitätsbedürfnisse auszuleben, Bewegungseinschränkungen auszugleichen und Gefühle über Motorik zu kompensieren. Das Zusammenspiel von Bewegung, der Kooperation mit anderen und der erlebten Beziehungsnähe zu den Mitspielern macht den besonderen Reiz der unterschiedlichen Bewegungsspiele aus. Gleichzeitig bieten Bewegungsaktivitäten aber auch eine wichtige Möglichkeit, um aufgestaute Gefühle wie Ärger oder Wut, Belastungsstress, Frustrationen, erlebte Isolationsmomente, erfahrene und quälende Einschränkungen, unbefriedigte Grundbedürfnisse oder Einsamkeit und Entfremdung zu kompensieren. Dabei stellt die Spielform „Bewegungsspiele“ eine weitere Ausdrucksform zur Verfügung: die „Aggressionsspiele zum Austoben“. Darunter werden wilde Rauf- und Kampfspiele verstanden, die unter Beachtung fester Spielregeln (ohne bedeutsame Verletzungsgefahr) den Beteiligten dabei helfen, aggressive Stimmungen und aufgestauten Stress abzubauen.

- **„Musikspiele“** bieten durch den spielerischen Umgang mit Instrumenten und der eigenen Stimme vielfältige Möglichkeiten, Musik und Sprache (Gesang) aktiv zu erleben und nicht nur den „Unterhaltungswert aus der Konserve“ zu nutzen. Gerade durch eigene, selbst initiierte und selbst gestaltete Musikerlebnisse, bei denen die Kinder ihre musikalischen Ressourcen entdecken und zu nutzen in der Lage sind, ergeben sich viele Spielaktionen, die Kinder dazu führen, eigene Stimmungslagen mit dem Ausdrucksmittel „Musikgestaltung“ zu verbinden. Musikwissenschaftler sprechen hier von der Begegnung bzw. der Deckungsidentität von „inneren und äußeren Tönen“. Für die unterschiedlichen Musikspiele können einerseits vorhandene

Musikinstrumente genutzt aber auch selbst gebaute Musikinstrumente eingesetzt werden. Sicherlich kann dieser Spielform auch das „Tanzspiel" zugeordnet werden, weil Tanz- und Musikspiele häufig ineinander übergehen. Tanzspiele bestehen nicht nur aus traditionellen Tänzen – vielmehr erleben Kinder viel Freude an einer rhythmischen Bewegung nach Musik, an Körperkontakt mit anderen Mittänzern und an veränderbaren Beziehungen während des Tanzspiels. Dabei kann es sein, dass die Bewegungsgestaltung während des Tanzspiels frei assoziiert oder auch vorgegeben ist. Entscheidend allerdings bleibt immer das Zusammenspiel von Musik, ihrer Ausdruckskraft, der Melodie, dem Rhythmus und der eigenen Tanzgestaltung.

- Im **„Finger- und Handpuppenspiel"**, dem sogenannten kleinen Theaterspiel, können sich Kinder mit den unterschiedlichen Personen identifizieren, sich in ihnen selbst entdecken oder von ihnen abgrenzen, je nachdem welche Verhaltensweisen und Persönlichkeitsmerkmale die dargestellten Charaktere präsentieren. Mit der Fingerpuppe bis zur Handpuppe können Spielszenen aufgeführt werden, um Kinder damit in eine Selbstbetrachtung zu führen oder Stellungnahmen bzw. Einschätzungen vorzunehmen, um über sich oder andere Menschen, Handlungsaspekte oder Handlungsfolgen nachzudenken. Die Faszination dieser Spielform hat bis heute bei Kindern trotz der medialen Welt nicht nachgelassen. Das besondere an dieser Spielform ist der Umstand, dass die Spielakteure in einer beziehungsnahen Kommunikation mit den Kindern stehen und jederzeit situationsorientiert in eine neue, aktuelle Interaktion mit Kindern treten können.

- Das **„Marionetten-, Stockpuppen-, Stabpuppen- und Figurenspiel"** kann als eine Fortsetzung der zuvor genannten Spielform bezeichnet werden. Dabei findet das

Spielszenario auf einem fest umrissenen Raum statt mit mehr oder weniger vielen Elementen (Bühnenbilder, Licht, Geräuschen, benutzbaren Gegenstände, szenische Gestaltung der „Bühne"...). Dabei erwecken die Spieler die Holz-/Papierfiguren zum Leben und bauen häufig direkte Lebenssituationen der Kinder in ihre Spielhandlungen ein. Je älter die Kinder sind, desto mehr ist es auch möglich, sie in die aktiven Spielhandlungen mit aufzunehmen und zum gestaltenden Akteur werden zu lassen.

- Das **„Symbol- oder Fiktionsspiel"** ist ein sogenanntes Als-ob-Spiel und wird von vielen Spieleforschern als die hauptsächliche und eigentliche Spielform von Kindern bezeichnet. So geben Kinder sowohl den ausgewählten Spielgegenständen als auch der ausgewählten Spielhandlung ein „eigenes Gesicht". Dabei werden Puppen zu Kindern, Stühle zu Schiffen, Tische zu Höhlen, Kartons zu Schatzkisten, Holzstangen zu Gewehren oder beispielsweise bunte Stifte zu Zauberstäben. Auf der einen Seite können Symbol- und Fiktionsspiele als Solospiele, auf der anderen Seite aber auch als parallel- oder kommunikationsverbindende Spiele durchgeführt werden. Diese Spielform wird zwar häufig auch als „Rollenspiel" bezeichnet, ist aber unter genauerer Betrachtung noch kein wirkliches Rollenspiel.

- Das **„Rollenspiel"** ist ein festes, von Kindern thematisch geleitetes Zusammenspiel von mindestens zwei Personen, die sich in fiktive Rollen begeben (haben). Meist sind es Darstellungen von Personen und Situationen, die Kinder erlebt haben oder in ihrer Vorstellung so erleben wollen. Im Rollenspiel erproben Kinder ihre eigenen Verhaltensweisen oder nutzen es zur Verarbeitung von erlebten Konfliktsituationen aus ihrem Alltag. Je jünger die Kinder sind, desto einfacher sind diese Rollenspiele und mit zunehmendem

Alter werden sie immer differenzierter und umfassender bis sie in einem sogenannten sozialen Rollenspiel enden. Hierbei werden die Rollen exakt verteilt und spielerisch immer differenzierter ausgefüllt, die benutzten Requisiten ähneln immer stärker den Gegenständen ihrer Realität und die Ansprüche an soziale, emotionale und kognitive Kompetenzen steigen mit der Zunahme an der Rollenspielkomplexität. Durch das Rollenspiel versuchen Kinder unbewusst, die von ihnen dargestellten Situationen besser zu verstehen, neu wahrzunehmen und differenzierter zu durchschauen, ihre Lebenssituation zu stabilisieren und durch die spielerische Darstellung ihre erlebten Gefühle auszudrücken. Sofern das Rollenspiel als Verarbeitungshilfe dienen soll, kann es ihnen helfen, einen neuen Abstand zur erlebten oder in der Zukunft anstehenden Situation zu gewinnen, auch um mögliche Handlungsalternativen zu finden und ausprobieren zu können.

- Das **„Schattenspiel"**, das auch als Schemenspiel oder Figurenschattenspiel bezeichnet wird, übt aus unterschiedlichen Gründen einen besonderen Reiz auf Kinder aus. So ist es vor allem die Zweidimensionalität, die Körperlosigkeit, das Phantastische und Unfassbare, das häufig lautlos dargestellte Spiel und die manches Mal grotesk wirkende Darstellung, die Kinder in seinen Bann zieht. Neben den (selbst hergestellten) Figuren können aber auch Personen ein „Menschenschattenspiel" durchführen, bei dem dann vielfältigste „Tricks" angewandt werden können – beispielsweise ist es nicht schwer, größere Gegenstände zu verschlucken, mit übernatürlich groß wirkenden Drachen zu kämpfen, plötzlich zu verschwinden oder zu fliegen. Hier können sowohl „phantastische Geschichten" als auch „belastende Lebenssituationen" zum Thema werden – es können Ängste aktualisiert und im Nachhinein aufgegriffen und bearbeitet werden.

Der Begriff **„Freispiel“** (auch Freies Spielen genannt) ist eigentlich eine sogenannte Tautologie, zumal jedes Spiel für Kinder frei sein sollte. In ihm wählen die Kinder aus, was sie in welcher Zeit an welchem Ort mit wem spielen möchten. Dabei liegt die Betonung zunächst weniger auf dem Aspekt der Freiheit als vielmehr auf dem Begriff des Spiels. Das heißt, dass ein Freispiel durch sehr unterschiedliche Spielhandlungen der Kinder charakterisiert ist. Voraussetzung für ein freies Spielen ist demnach die Existenz einer Spielfähigkeit der Kinder, weil andererseits Spielhandlungen sonst nicht zustande kommen können. Kinder, die keine oder nur eine sehr eingeschränkte Spielfähigkeit besitzen, erleben eine Freispielzeit als Überforderung und wissen mit dieser ungeplanten Zeit wenig bis gar nichts anzufangen. Häufig fühlen sich Kinder dadurch veranlasst, motorisch aktiv zu sein (um der Aktivität willen) oder anderen Kindern mit unsozialen Verhaltensweisen gegenüber zu treten. Dies geschieht *nicht* aus einem eigenen Wollen heraus, sondern vielmehr aus dem Bedürfnis nach Stressreduktion. Spielfähige Kinder hingegen nehmen eine Freispielzeit gerne in Anspruch, um eigenen Spielideen nachzukommen, selbstständige Spielhandlungen aufzubauen, ausgewählte Spielmaterialien in ihren Spielablauf aufzunehmen und Spielerlebnisse damit zu genießen. **Entscheidend ist also beim Freispiel die Ausgangssituation der Kinder.** Das Freispiel darf daher weder zu einem starren Zeitfenster im Tagesverlauf von Kindern werden noch darf es dazu „missbraucht“ werden, anzunehmen, Kinder lernen im Freispiel Selbstständigkeit und Verantwortungsbewusstsein. Diese weit verbreiteten Vorstellungen haben beispielsweise über Jahrzehnte hinweg die Kindergartenpädagogik geprägt und letztlich auch dazu beigetragen, dass der Bildungsauftrag nur eingeschränkt umgesetzt werden konnte. Zum Schluss dieser Spielform sei angemerkt, dass Eltern und Fachkräfte selbstverständlich die Möglichkeit und eine damit verbundene Aufgabe haben, dann neue Spielimpulse in ein Freispiel der Kinder hineinzusetzen, wenn der Ideenreichtum der Kinder ausgeschöpft zu sein scheint.

- **„Interaktionsspiele"** sind zumeist eher kurze Spielhandlungen, die von einem Spielleiter initiiert, begleitet und gesteuert werden, wobei die Abläufe und Gestaltungsmöglichkeiten der ursprünglichen Spielstrukturen auch verändert werden können. Ursprünglich stammt diese Spielform aus der therapeutischen und damit gruppendynamischen Arbeit, bei der es um Selbsterfahrung und Sensibilisierung für andere Menschen geht. Interaktionsspiele kennen weder die Kategorien „richtig und falsch" bzw. „Sieger und Verlierer" noch geht es darum, dass sich einzelne Mitspieler in den Interaktionsspielen besonders hervortun. Sie dienen vielmehr der Erweiterung der eigenen Wahrnehmungsfähigkeit, der Verbesserung der Wahrnehmungsoffenheit für andere Menschen und bestimmte Situationen, der Erweiterung eigener Handlungsmöglichkeiten, der Verbesserung der Kommunikations- und Konfliktfähigkeit, der Erweiterung eines Kooperationsverhaltens und der Veränderung eigener stereotyper Denk- und Verhaltensmuster. Trotz dieser Schwerpunkte erfassen die Interaktionsspiele immer die ganze Person, die sich in bestimmten Interaktionssituationen erfahren kann und damit in die Lage versetzt wird, über sich und das bisherige Kommunikationsverhalten, über Einstellungen und Sichtweisen, konstruktive oder destruktive Handlungsmomente zu reflektieren.

- Die umfangreichste „Spielesammlung" in der gesamten Spielliteratur entstammt der Spielform der **„Sozialen Regelspiele"** (auch Gemeinschaftsspiele genannt). Auch wenn alle anderen Spielformen ebenfalls mehr oder weniger immer irgendwelche Regeln in sich tragen, so hat diese Bezeichnung dennoch ihren Sinn: Soziale Regelspiele sind in den meisten Fällen so aufgebaut, dass sie einen Wettkampfcharakter mit sich bringen und die Konkurrenz der Mitspieler eher provozieren; sie bestehen in ihrer Struktur aus einem festgelegten Ablauf und verlangen von allen Mitspielern, die bekannten Regeln bis zum Ende des Spiels zu beachten und auch einzuhalten. Es gibt viele Kinder, die einen Leistungsvergleich mit den Mitspielern suchen um möglichst selbst der/die Bessere zu sein. Allerdings muss an dieser Stelle deutlich darauf hingewiesen werden, dass für diese Spielform eine Vielzahl spezifischer Verhaltensweisen notwendig ist (beispielsweise ein Grundmaß an Belastbarkeit; Frustrationstoleranz, Empathie und Anstrengungsbereitschaft). Alle beteiligten Mitspieler müssen in der Lage sein, sich mehr auf den Spielgegenstand selbst, die Spielaufgabe und den -verlauf einzulassen und damit weniger die subjektive, persönliche Wertigkeit in den Mittelpunkt des Sozialen Regelspiels zu stellen. Kinder, deren seelische Grundbedürfnisse eher unbefriedigt geblieben sind, haben weitaus größere Schwierigkeiten, sich auf diese anspruchsvolle Spielform einzulassen als Kinder, die durch eine Grundbedürfnisbefriedigung zu ihrer Selbstkompetenz finden konnten. Gleichzeitig ist bekannt, dass der Auf- und Ausbau eines sozialen Regelbewusstseins bei Kindern ein Lernprozess ist, der einen Zeitraum von ca. zehn Jahren umfasst. So ist verständlich, dass Kinder ihre eigenen Regeln entwickeln, um sich an ihnen selbst messen zu können. Sollte ein Mitspieler also die Regeln missachten oder innerhalb des Spielablaufes verändern, so würde damit entweder das ganze Spiel als beendet erklärt oder die anderen Mitspieler einigen sich darauf, diesen Regel verletzenden Spieler vom weiteren Spielverlauf auszuschließen. Diese Konsequenz kann und darf aber nicht dem Kind selbst angelastet werden, weil es offensichtlich „in seiner Sozialentwicklung noch nicht soweit ist". Schon hier wird sicherlich deutlich: **Das Soziale Regelspiel wird häufig viel zu früh in die Pädagogik eingeführt und mit Kindern erlebt** (Beobachtungen dokumentieren, dass Soziale Regelspiele mit Kindern zwischen dem dritten und vierten Lebensjahr nicht unüblich sind anstatt diese Spielform erst bei Kindern ab dem fünften, sechsten Lebensjahr verstärkt zu nutzen). Daher steht diese Spielform – aus entwicklungspsychologischer Sicht betrachtet – in der Reihe der Spielformen erst im Abschlussbereich.

- Zum Schluss der Spielformen kann der große Bereich des **„Theaterspiels"** genannt werden. Darunter fallen zunächst viele andere Begriffe wie beispielsweise das „Pantomimische Spiel", das „Märchenspiel", das Maskenspiel", „Schwarzes Theater" und schließlich als die anspruchvollste Spielform das „Planspiel". Um jedoch auch hier dem Spielgedanken treu zu bleiben, sei angemerkt, dass jede Form des Theaterspiels nur dann als SPIEL bezeichnet werden kann, wenn alle Akteure gemeinsam das Stück aussuchen und bestimmen, die Texte auf ihren Bedeutungsgehalt für alle Mitspieler hin überprüfen und ggf. modifizieren (umschreiben), die Rollen selbst verteilen und ggf. neue Rollen hinzufügen oder vorhandene Rollen aus dem festgelegten Stück verbannen können. **Theaterspiele leben aus den Einfällen der Mitspieler, sind offen für Erweiterungen und bieten Platz, interessante Ideen und Einfälle zu integrieren.** Theaterspiele werden von Kindern dann besonders gerne angenommen, wenn sie auch bei der gesamten Bühnengestaltung aktiv einbezogen werden, sodass das Ganze zu einem einzigen, großen Spiel wird, in dem Handwerk und

Konstruktion, Bewegung und Musik, Tanz und Produktion sinnverbunden miteinander vernetzt sind.

Jede Spielform hat demnach ihren besonderen und einzigartigen Wert im Hinblick auf die Entwicklung von Kindern.

Vielleicht mögen sich manche Fachkräfte am Schluss dieser Ausführungen fragen, wo die sogenannten **„Denk- und Lernspiele"** bleiben. Sind denn nicht auch die „Denksportaufgaben für kluge Köpfe", die „Logeleien" und „Kopfnüsse zum Knacken", die„mathematischen Lernspiele", die „Denkspiele mit Pfiff" und „Strategiespiele für den klugen Denker", die „Spiele mit lehrhaftem Charakter" und die „Sprachlernspiele für kleine Genies" eine eigene Spielform? Sogenannte „Denk- und Lernspiele" sind im Gegensatz zu den vorher benannten sechzehn Spielformen **im eigentlichen Sinne keine Spiele.** Hier handelt es sich vielmehr um „Lern- und Übungs*formen*", die einerseits nur den kognitiven Bereich von Kindern trainieren sollen und damit andererseits nur bestimmte Teilfunktionen des Menschen ansprechen. Sie sollen Wissen vermitteln, kognitive Lernprozesse stimulieren und können ohne Schwierigkeiten bestimmten richtlinienorientierten Lernzielen zugeordnet werden. Jedem aufmerksamen Betrachter wird damit klar, dass bei diesen „Übungen" ein „Spiele-Charakter" *nicht mehr zu erkennen ist*. Daher kann an dieser Stelle auch nicht auf diese „Spielform", die keine ist, eingegangen werden.

Spielen und Lernen: ein kontextuales Geschehen

Kinder lernen auf vielfältigste Weise: durch Nachahmen, Erproben, Experimentieren, Vergleichen, Wiederholen, Fragen stellen, Antwortsuche, Zuhören, Erzählen, Üben, spontanes Erproben ... Wichtig ist dabei weniger eine eindimensionale Handlung, sondern vielmehr eine aktive Tätigkeit, die sich aus den unterschiedlichsten Lernmöglichkeiten zusammensetzt. Dabei zieht das Kind immer und immer wieder Erfahrungen aus seinen vielfältigen Handlungen, durch die es in seinen gedanklichen Annahmen bestätigt oder irritiert wird, die es in Erstaunen versetzen, fröhlich oder wütend, ängstlich oder traurig werden lassen, in eine Anspannung oder zur Entspannung führen, durch die es handlungsmotiviert oder handlungsverunsichert wird. **Kinder gewinnen auf diese Art und Weise Erkenntnisse und entwickeln Sichtweisen bzw. Einstellungen, entdecken neue Facetten ihrer Talente, bauen durch Versuch und Irrtum unterschiedliche Fähigkeiten auf und entwickeln in zunehmendem Maße Fertigkeiten, die ihnen helfen, ihre eigenen Handlungsimpulse zielgerichtet umzusetzen.**

Nun stellt sich die Frage, ob auch *das Spiel* mit seinen unterschiedlichen Spielformen dazu beiträgt, dass diese o. g. Lernmöglichkeiten aktiviert, unterstützt bzw. auf- und ausgebaut werden.

Seit *Rousseau* und *Fröbel* sowie durch vielfältige Forschungsarbeiten in den letzten dreißig Jahren im In- und Ausland ist bekannt, dass das Spiel **in einem** entscheidenden **Maße einen Einfluss auf die Erweiterung des kindlichen Lernpotentials besitzt und damit vielfältige Kompetenzen des Kindes erweitert –** angefangen von einer Stabilisierung der Ich-Identität über die Verbesserung der Belastbarkeit bis hin zu einer Erweiterung der sozialen Sensibilisierung. Im Spiel spiegeln sich dabei nicht nur die Seelenstruktur des Kindes und seine Einschätzung seines subjektiv erlebten Selbstbildes wider; vielmehr gibt es durch sein Spielverhalten auch einen Einblick in seine zukünftige Entwicklung! Auf den Punkt gebracht weisen alle bedeutsamen Forschungsergebnisse auf folgende drei Aspekte hin:

Das Spiel
• ist von entscheidender Bedeutung für die Persönlichkeitsentwicklung des Kindes;
• ist der Nährboden für den Auf- und Ausbau außergewöhnlich vieler personaler und schulischer Fertigkeiten;
• erweist sich auch als eine Grundlage für später notwendige berufliche Merkmale.

Aspekte des Spiels

Doch auch wenn diese Erkenntnisse schon lange vorliegen und weitestgehend in der Praxis bekannt sind, erschreckt auf der anderen Seite die Realität damit, dass es zunehmend mehr Kinder und Jugendliche gibt, die bereits kaum noch spielen (können). **Wenn das Spiel als eine aus der tiefen Neugierde entstandene, freiwillige, spontane und geplante, lebendige und freudvolle Auseinandersetzung des Kindes mit sich und seiner Umwelt verstanden werden kann, wird deutlich, was dieses Grundverständnis mit den gerade vorgestellten drei Aspekten zu tun hat.** Das Spiel trägt immer wieder dazu bei, selbstaktiv zu werden, sich den unbekannten Dingen des Lebens zuzuwenden und sich mit ihnen auseinanderzusetzen, Lösungsstrategien für Handlungsabsichten zu entwerfen und einzusetzen, Neues zu wagen und bekannte Handlungsmuster zu erweitern, Gewohnheiten und Routine zu überwinden und damit kreative Aspekte in den eigenen Handlungsspielraum zu integrieren. Betrachtet man diese „lebensbedeutsamen Grundleistungen", dann wird auch an dieser Stelle schon eine Tatsache besonders deutlich: Kinder erwerben im Spiel sogenannte *generalisierende Fähigkeiten* und entwickeln *„generalisierende Leistungen"*, die als Grundlage für außergewöhnlich viele Fertigkeiten des Menschen notwendig sind. Im Einzelnen sind es folgende Merkmale:

- **Vernetzungen und Verbindungen herstellen:** zwischen unterschiedlichen Dingen kombinieren und koordinieren können;
- **Zuwendung aufbringen:** Interesse, Aufmerksamkeit, Kontakt und Beziehungen zu den Dingen, zu den an einer Tätigkeit beteiligten Personen und den Abläufen herstellen können;
- **Analysen vornehmen:** Situationen, Zustände, Dinge und Personen herauslösen und differenziert betrachten können;

- **Synthesen bilden:** Teile eines Ganzen wieder zusammenfügen und Sinnverbindungen/Zusammenhänge herstellen können;
- **Vergleiche anstellen:** Gemeinsamkeiten bzw. Unterschiede zwischen Personen, Dingen und Ereignissen erkennen können;
- **Systematisierungen vornehmen:** eine strukturierte, gezielt und aufgebaute Vorgehensweise entwickeln und umsetzen können;
- **Codierungen verinnerlichen:** Gedächtnisleistungen und damit die Merkfähigkeit weiterentwickeln können;
- **Wahrnehmung erweitern:** die Vielfalt der Sinnestüchtigkeit ausformen, sie immer wieder aufs Neue aktivieren und in eine permanente Phase der Präzisierung bringen können;
- **funktionelle Systeme entwickeln:** geeignete Schemata im Bereich der Kognition und der Handlungsvielfalt aufbauen können, um selbst gesetzte oder erwartete Strategien zur Verfügung zu haben;
- **Regelsysteme erkennen und zu nutzen wissen:** einzelne Tätigkeiten aufeinander abstimmen können;
- **Kreativität entwickeln:** bisherige Handlungskonzepte auf ihre Effizienz hin überprüfen und neuartige Strategien entwerfen und ausprobieren können.

Es besteht kein Zweifel darüber, dass sich diese Grundleistungen *nicht nacheinander*, sondern immer *in einer Abhängigkeit voneinander* entwickeln. Betrachtet man nun diese Zentralfunktionen, wird schnell deutlich, dass sie einerseits in fast allen Spielen zu entdecken sind und gleichzeitig die ***Grundlage des Lernens*** bilden. Insoweit überraschen folgende Aussagen zum Spiel in keiner Weise, wenn es beispielsweise heißt: **Spielen und Lernen bilden eine nicht zu trennende Einheit**; oder: ***Spielen ist Lernen bzw. Lernen ist Spiel.***

Das Spiel und seine Bedeutung für den Aufbau einer Schulfähigkeit

Um die inhaltliche Vernetzung des Spiels und seine Bedeutung für den Aufbau einer Schulfähigkeit zu verstehen ist es notwendig, sich etwas ausführlicher dem Bereich und Begriff der **„Schulfähigkeit"** zu nähern.

„Und nun beginnt der Ernst des Lebens" – kaum ein Erwachsener wird sich nicht an diesen Satz erinnern, als er vom Kindergarten bzw. Elternhaus in die Schule kam. Die Bedeutung dieser Aussage schien deutlich auf der Hand zu liegen: die Zeit des Spielens, des „Un-Sinn-Machens", des Lachens oder einfach die „unbeschwerte Zeit des Kindseins" war vorbei. Von nun an sollte ein anderer Wind wehen: Kindheit ade und eine Ära der neuen Pflichten sollte beginnen.

Es gibt in der Pädagogischen Psychologie wohl kaum einen Begriff, der seit vielen Jahrzehnten **im Feld der Wissenschaft so umstritten und gleichzeitig in der Praxis so kontrovers** diskutiert wird wie das Wort „Schulfähigkeit**"**. Viele Eltern, (elementar-)pädagogische Fachkräfte, Schulen, Kinderärzte und Schulärzte haben bestimmte, festgelegte Vorstellungen, was mit diesem Begriff gemeint ist. Viele ErzieherInnen in Kindertagesstätten verbinden aufgrund ihrer persönlich geprägten und richtungorientierten, pädagogischen Sichtweise ebenfalls widersprüchliche Vorstellungen mit diesem Begriff. Auch unter Wissenschaftlern kommt es zu völlig unterschiedlichen Einschätzungen darüber, welche Verhaltensdispositionen bzw. Merkmale schulpflichtige und gleichzeitig schulfähige Kinder aufweisen sollten, um einen anstehenden Schulbesuch (zumindest einigermaßen) erfolgreich zu meistern. Zusätzlich bringen alte und wieder aktualisierte Forderungen (Beispiel: Einschulung von fünfjährigen

Kindern) oder breit angelegte Untersuchungen (Beispiel: TIMMS, PISA 2000, 2003, 2005, IGLU-Daten ...) neue Diskussionsimpulse in die Öffentlichkeit und sorgen für weitere Irritationen.

Warum nun diese Vorbemerkung? Weder die PISA-Studien noch übliche, schulinterne Prüfungsverfahren, weder dogmatische Einlassungen und anspruchsvolle Erwartungen sehr leistungsgeprägter Eltern noch hemdsärmelige Forderungen der Politik tragen dazu bei, die Frage nach den Merkmalen einer fachlich begründbaren Schulfähigkeit sachlich zu beantworten. Gefragt ist vielmehr eine sorgsame Betrachtung des Begriffes – ausgerichtet auf relevante wissenschaftliche Erkenntnisse und praktische, sinnverbundene, nachvollziehbare Notwendigkeiten.

Das Konzept individueller Unterschiede
Es gab einmal eine Zeit, da hatten die Tiere eine Schule. Das Curriculum bestand aus Rennen, Klettern, Fliegen und Schwimmen, und alle Tiere wurden in allen Fächern unterrichtet. Die Ente war gut im Schwimmen; besser sogar als der Lehrer. Im Fliegen war sie durchschnittlich, aber im Rennen war sie ein besonders hoffnungsloser Fall. Da sie in diesem Fach so schlechte Noten hatte, musste sie nachsitzen und den Schwimmunterricht ausfallen lassen, um das Rennen zu üben. Das tat sie so lange, bis sie auch im Schwimmen nur noch durchschnittlich war. Durchschnittliche Noten waren aber akzeptabel, darum machte sich niemand Gedanken darum, außer: die Ente. Der Adler wurde als Problemschüler angesehen und unnachsichtig und streng gemaßregelt, da er, obwohl er in der Kletterklasse alle anderen darin schlug, darauf bestand, seine eigene Methode anzuwenden. Das Kaninchen war anfänglich im Laufen an der Spitze der Klasse, aber es bekam einen Nervenzusammenbruch und musste von der Schule abgehen wegen des vielen Nachhilfeunterrichts im Schwimmen. Das Eichhörnchen war Klassenbester im Klettern, aber sein Fluglehrer ließ ihn seine Flugstunden am Boden beginnen, anstatt vom Baumwipfel herunter. Es bekam Muskelkater durch Überanstrengung bei den Startübungen und immer mehr „Dreien“ im Klettern und „Fünfen“ im

Rennen. Die mit Sinn fürs Praktische begabten Präriehunde gaben ihre Jungen zum Dachs in die Lehre, als die Schulbehörde es ablehnte, Buddeln in das Curriculum aufzunehmen. Am Ende des Jahres hielt ein anormaler Aal, der gut schwimmen und etwas rennen, klettern und fliegen konnte, als Schulbester die Schlussansprache." (Originalquelle unbekannt)

a) Schulreife – Schulfähigkeit - Schulbereitschaft

Vor einigen Jahrzehnten sprach man durchgängig von „Schulreife", weil man der festen Überzeugung war, dass Kinder, die einerseits körperlich den sogenannten ersten Gestaltswandel abgeschlossen hatten (also die sogenannte körperliche Kleinkindform überschritten hatten) und gleichzeitig ein stabiles Körperbild besaßen, automatisch als „schulreif" angesehen und entsprechend eingestuft werden sollten. Dieses **„Konstrukt Schulreife"** stammt aus einer Zeit, in der die gesamten Veränderungen im Zeitfenster Kindheit und Jugend nahezu ausschließlich als „Reifungsphänomene" verstanden wurden. Dabei ging man von der Annahme aus, dass mit diesem ersten Gestaltswandel auch automatisch die „seelische Entwicklung" eines Kindes Entwicklungsfortschritte macht. So waren es vor allem H. Hetzer und W. Zeller, die durch ihre Aussagen für diese jahrzehntelange Annahme sorgten. *„Denn gerade bei den Aufgaben, die grundsätzlich neue Leistungen und Einstellungen fordern, sind die Unterschiede zwischen den Kleinkindformen und den Schulkindformen erhebliche, während dort, wo die mit zunehmendem Alter zu beobachtende Leistungssteigerung vorwiegend eine quantitative ist, wo der Leistungszuwachs auf zunehmender Erfahrung und Übung beruht, die Unterschiede zwischen den beiden Kindergruppen geringfügig sind. Dem Gestaltswandel entspricht also ein Wandel der seelischen Struktur und die Zusammenhänge zwischen den körperlichen Veränderungen und dem seelischen Anderswerden sind deutlich zu erkennen."* (Hetzer 1936, S. 21). W. *Zeller greift diese Annahme auf und schreibt: „In diesem ersten Gestaltswandel wird auch die seelische Gestalt des Kindes gleichzeitig mit den körperlichen Veränderungen verwandelt. Die kleinkindhafte Seelen-*

struktur mit ihrem magischen Weltbild und der ganzheitlichen synthetischen Wahrnehmung macht einer neuen seelischen Haltung Platz, deren wesentlicher Grundzug die Fähigkeit zu analysierenden Denkvorgängen ist" (Zeller 1952, S. 26). Kinder seien damit in der Lage, beispielsweise analysierend zu denken, systematischer ihre Umgebung wahrzunehmen und konstruktiver an gestellte Aufgaben heranzugehen. Dabei wurde nicht selten diese „Schulreife" vor allem mittilfe der sogenannten Philippinoprobe überprüft: Das Kind sollte seinen rechten Arm mitten über den Kopf die Hand zum linken Ohr führen. Hinzu kamen dann ein paar Aufgaben, meist durch den Schularzt, den Schulleiter oder eine Lehrkraft, bei denen die Kinder ein überschaubares **„Bündel an Fertigkeiten"** aus dem Bereich des Wissens (kognitiver Bereich) und Könnens (motorischer Bereich) unter Beweis stellen sollten. So ging es beispielsweise darum, Bildreihen in systematischer Abfolge zu ordnen (Beweis für logisches Denken), passende Bilder zu erzählten Geschichten zu zeigen (Beweis der Inhaltserfassung), gesehene und dann verdeckte Bilder sprachlich zu beschreiben (Beweis für Gedächtnisleistungen), größere und kleinere Mengen zu unterscheiden (Beweis für ein Mengenverständnis), geometrische Formen zu erkennen und gleichen Formen zuordnen zu können (Beweis der Formerfassung) oder „ein Männchen" zu malen (Beweis zur Erfassung des Körperschemas). Darüber hinaus wurden Aufgaben gestellt, bei denen Kinder von eins bis zwanzig „richtig" zählen sollten, den eigenen Vor- und Zunamen schreiben oder ihre Wohnanschrift nennen konnten. Doch schon **Mitte der 70er-Jahre des letzten Jahrhunderts** hat der Deutsche Bildungsrat von dem Einsatz und Gebrauch solcher „Test"untersuchungen dringend abgeraten! Ebenso haben viele wissenschaftliche Untersuchungen dokumentiert, dass solche o. g. Überprüfungen einer angenommenen „Schulreife" in **keinerlei fachlich berechtigten Art und Weise** Aussagekraft bezüglich eines erfolgreichen Schulbesuchs eines Kindes besitzen. Die Gründe sind schnell genannt:

1. Solche „Testverfahren" beschränken sich ausschließlich auf den kognitiven und motorisch-körperlichen Bereich und das wiederum

nur in einem selektiven Ausschnitt. Seit vielen Jahren weiß man aber, dass sich eine Schulfähigkeit aus weitaus wichtigeren, bedeutsameren Faktoren ableiten lässt.

2. Eine dialogische, wechselseitige Kommunikationsfähigkeit mit dem Kind kommt bei einer solchen Überprüfung gar nicht zum Tragen.
3. Basale Fähigkeiten wie Fantasie und Kreativität sind hier nicht nur unerwünscht, sondern werden auch als störend erlebt.
4. Die Ergebnisse der Testverfahren im obigen Sinne waren bzw. sind immer abhängig von dem Aufbau des Prüfverfahrens, der Tagesverfassung eines Kindes, der Beziehungsqualität zwischen testender und der gestesteten Person, von der Sprach- und Aufgabenqualität des Testverfahrens selbst, von dem Raum, in dem das Testverfahren durchgeführt wurde bis hin zu aktuellen Störreizen, die einen subjektiv starken Einfluss auf das Verhalten eines Kindes haben können.
5. Die Ergebnisse solcher Testverfahren haben eine außergewöhnlich hohe Fehlerquote bezüglich ihrer Aussagerelevanz – je nach Testverfahren bis zu 60 %.
6. Solche Testverfahren konzentrieren die gesamte Aufmerksamkeit auf das Kind. Dabei bleibt die **„Beschulungsfähigkeit** der entsprechenden Schule" ebenso außer Acht wie die persönlich-fachliche Kompetenz der Lehrkräfte bzw. alle schulorganisatorischen oder strukturellen Bedingungsgrößen, die die Qualität einer **„Bildungs- und Lernatmosphäre"** auszeichnen. So schrieb beispielsweise der Deutsche Ausschuss für das Erziehungs- und Bildungswesen schon 1966 in seinem Gutachten und seinen Empfehlungen: „Die Entscheidung darüber, wann ein Kind für die Arbeit in der Schule reif ist, hängt davon ab, wie der Anfangsunterricht in der Schule erteilt wird."
7. Testverfahren im o. g. Sinne können weder objektive noch gerechte Aussagen treffen, weil zu viele Ereignisse einen Einfluss auf

alle Ergebnisse haben. Solche Testsituationen sind keine „sterilen Testlabors", wo unter isolierten Bedingungen gearbeitet wird. Aufgrund der in Deutschland weit verbreiteten Testgläubigkeit (bei Eltern, pädagogischen Fachkräften und Ärzten) gibt ein Verfahren allerdings **„Autorität und Gewicht"**. Alleine diesem Grund „verdankt" der o. g. „klassische Schulreifetest" an vielen Orten bis heute seine Existenz – allerdings ohne fachliche Berechtigung oder Aussagekompetenz.

b) Schulfähigkeit – was ist aktuell darunter zu verstehen?

Unter Beachtung zurückliegender und aktueller Forschung zur **Schulfähigkeit** kann eine **Definition** in Anlehnung an Prof. Witzlack – die zwar schon älter ist aber dennoch gleichzeitig mit jetzigen Forschungsdaten eine enge Parallelität aufweist – wie folgt aussehen:

„Schulfähigkeit ist die Summe ganz bestimmter Verhaltensmerkmale und Leistungseigenschaften eines Kindes, die es braucht, um im Anfangsunterricht und der weiteren Schulzeit Lernimpulse wahrzunehmen, aufzugreifen und im Sinne einer Lernauseinandersetzung zu nutzen, um persönlichkeitsbildende (im emotionalen, motorischen sowie sozialen Bereich) und inhaltliche Weiterentwicklungen (im kognitiven Bereich) anzunehmen und umzusetzen. Dabei ist Schulfähigkeit als ein vernetzter Teil eines Ganzen zu betrachten: sie ist immer abhängig von den besonderen Rahmenbedingungen einer Schule und den Persönlichkeitsmerkmalen sowie den fachlichen Kompetenzen der dort tätigen Lehrkräfte" (vgl. Witzlack, G. in: Krenz, 4. Aufl. 2006, S. 63).

Um diese Definition besser zu verstehen, bedarf es einiger Erklärungen:

1. Schulfähigkeit umfasst nicht nur einige wenige Kriterien, sondern **besteht aus einem ganzen Bündel** sehr spezifischer Merkmale.
2. Schulfähigkeit ist **durch ganz bestimmte Merkmale** charakterisiert – keine Schule, kein Schularzt kann sie für sich individuell auslegen oder subjektiv interpretieren.

3. Schulfähigkeit beinhaltet aber nicht nur ganz bestimmte Merkmale, sondern auch **dem Kind zur Verfügung stehende Leistungseigenschaften,** die bekannter Weise für einen weitestgehend erfolgreichen Schulbesuch den Kindern als Verhaltensdispositionen zur Verfügung stehen müssen. Diese werden vor allem durch die häusliche Entwicklungsbegleitung durch die Eltern (vor der Schulzeit) von den Kindern aufgebaut und internalisiert.

4. Schulfähigkeit ist ein Begriff, der nicht nur eine Bedeutung für das erste Schuljahr besitzt, sondern **auch für die weiteren Schuljahre von großer Bedeutung ist**. Insofern ist eine Schulfähigkeit mittel- und längerfristig zu betrachten und darf sich nie lediglich auf den Zeitpunkt der Einschulung beziehen.

5. Schulfähigkeit umfasst grundsätzlich die Fähigkeiten, **für Lernreize offen zu sein**, **Lern(an)reize zuzulassen** und diese mit einer persönlichen Wertigkeit und einem subjektiv vorhandenen Interesse zu versehen.

6. Schulfähigkeit hat sowohl mit einer Wissensorientierung/-erweiterung als auch **immer mit einer Persönlichkeitsbildung**/-entwicklung zu tun.

7. Sie bezieht dabei stets die **vier „Lernfelder“** eines Menschen ein: den gefühlsorientierten, umgangsgeprägten, handlungsorientierten und wissens-/denkorientierten Bereich.

8. **Schulfähigkeit ist kein „Lernfeld“**, das oberflächlich antrainierbar ist, sondern nur dann wirklich vorhanden ist, wenn dieser Bereich sogenannte persönlichkeitsstabile, verinnerlichte Verhaltensweisen beherbergt, die dann in entsprechend geforderten und notwendigen Situationen eingesetzt bzw. umgesetzt werden (können).

9. **Schulfähigkeit ist abhängig von den Rahmenbedingungen,** denen das Kind als „lernende, lerninteressierte Person“ ausgesetzt ist. Dazu zählen alle Besonderheiten einer Schule, die Lehrer/-innen

mit ihren spezifischen, bindungsbedeutsamen Persönlichkeitsmerkmalen und ihrem fachlichen Können, ihr methodisch/didaktisches Know-how, die Klassengröße und die Zusammensetzung einer Schulklasse, die räumlichen Bedingungen sowie die materielle Ausstattung. Gleichzeitig bilden **Lerninteresse, Lernfreude, Lernbereitschaft und Lernwille** der (angehenden) Schülerinnen und Schüler die Grundlagen, um sich mit den unterschiedlichen Aufgabenstellungen und Lernherausforderungen beschäftigen zu wollen und aktiv auseinanderzusetzen.

Würde man nun versuchen, die Kompetenzen eines Kindes zu klassifizieren, die notwendig sind, um **Leistungsinteresse** und **Lernmotivation** im Unterricht aufzubringen, so ergeben sich **16 Kompetenzmerkmale.** Diese können vier **Schulfähigkeitsbereichen** ohne Schwierigkeit zugeordnet werden.

c) Schulfähigkeitsbereiche und ihre Kompetenztendenzen

In der aktuellen Betrachtung von „Schulfähigkeit" werden seit einigen Jahren **vier Schulfähigkeitsbereiche** klassifiziert, wobei ihnen – im Rahmen einer hilfreichen Übersicht sowie einer praktikablen Erfassung – wiederum jeweils vier Kompetenztendenzen der Kinder zugeordnet werden. Diese gilt es, möglichst (zumindest im Ansatz ausgeprägt) schon für die erste Klasse als internalisierte Verhaltensbereitschaft zur Verfügung zu haben.

Schulfähigkeit	
emotionale Schulfähigkeit	soziale Schulfähigkeit
motorische Schulfähigkeit	kognitive Schulfähigkeit

Tab. Die vier Schulfähigkeitsbereiche

- **Basisbereich emotionale Schulfähigkeit:** Kinder **besitzen Belastbarkeit,** um beispielsweise schwierige Aufgaben erfüllen oder auch aktuelle, persönliche Wünsche zurückstellen zu können. Sie können **Enttäuschungen ertragen,** um kleinere oder größere Misserfolge verkraften zu können oder in der Lage zu sein, an schwierigeren Aufgabenstellungen weiterhin mitzuarbeiten. Sie nehmen neue, unbekannte Situationen und Aufgaben **angstfrei** wahr, von denen sie vielleicht im ersten Augenblick den Eindruck haben, dass sie unlösbar erscheinen und sie besitzen **Zuversicht bzw. Optimismus,** um sich selbst und durch ihre eigene Motivation immer wieder in ihrem Lernwunsch zu aktivieren.

- **Basisbereich soziale Schulfähigkeit:** Kinder können **zuhören,** um beispielsweise Aufgabenstellungen zu verstehen und Arbeitsanforderungen sachgerecht ausführen zu können. Sie **fühlen sich** auch als Einzelperson in einer Gruppe **angesprochen,** auch wenn sie nicht persönlich und direkt angesprochen worden sind, sondern beispielsweise eine Aufgabenstellung an die „anonyme Gruppe" gerichtet wurde. Sie **erfassen** bedeutsame **Regeln**, die eine konstruktive Kommunikation in einer Gruppe möglich werden lassen und sind in der Lage, ein überwiegend **konstruktives Konfliktlöseverhalten** bei persönlichen oder sozial geprägten Irritationen zu zeigen.

- **Basisbereich motorische Schulfähigkeit:** Kinder besitzen eine grundständige, flüssige **visomotorische Koordination** (Finger- und Handgeschicklichkeit), um koordinierte Schreib-/Zeichenbewegungen ausführen zu können; sie **besitzen Eigeninitiative,** um beispielsweise selbsttätig entsprechende Arbeitsaufgaben zu übernehmen und sie **können Belastungen** weitgehend selbständig und selbstaktiv verändern, um bestehenden Anforderungen nachkommen zu können. Sie besitzen eine **Gleichgewichts-, taktile und kinästhetische Wahrnehmung,** um aus ihrer Innenwahrnehmung eine Konzentration auf ihre Außenwahrnehmung zu richten und zu steuern.

- **Basisbereich kognitive Schulfähigkeit:** Hierzu gehört es, dass Kinder ein gewisses Maß an **Konzentrationsfertigkeit, Ausdauer und Aufmerksamkeit** aufweisen können, um ihr Lern- und Arbeitsinteresse möglichst zielgerichtet fokussieren zu können. Sie verfügen über ein ausgeprägtes **auditives Kurzzeitgedächtnis,** eine **auditive Merkfertigkeit** und ein **visuelles Gedächtnis,** das ihnen helfen wird, zurückliegende Ereignisse und aktuelle Anforderungen/Erkenntnisse mit aktuellen Erwartungen und Erfordernissen zu verbinden. Sie zeigen **Neugierdeverhalten und Lerninteresse,** um immer wieder aufs Neue möglichst selbstmotiviert eine Aufgabenstellung zu erledigen und sie sind in der Lage, ein **folgerichtiges Denken** an den Tag zu legen bzw. **Gesetzmäßigkeiten zu erkennen,** um logische Zusammenhänge nachvollziehen, übertragen und selbst ableiten/herstellen zu können.

Bei allen sechzehn **Kompetenztendenzen** geht es *nicht* darum, dass ein Kind in allen Merkmalsbereichen eine hundert prozentige Erfüllung unter Beweis stellt. Vielmehr geht es – wie der Begriff selbst schon zum Ausdruck bringt – um eine grundsätzliche Existenz dieser Aspekte! In letzter Zeit wird dementsprechend der Begriff **SCHULBEREITSCHAFT** immer stärker unter Fachleuten genutzt, um einerseits eine grundsätzliche Bereitschaft der schulpflichtigen Kinder anzunehmen und andererseits Ausgrenzungen von Kindern zu vermeiden (Stichwort: Inklusion). Wenn Kinder – im Sinne einer Skalierung – diese Kompetenztendenzen „eher häufig oder überwiegend" in Alltagssituationen zeigen, so ist davon auszugehen, dass sie damit sogenannte **basale Qualitäten** im Sinne einer vorhandenen Schulfähigkeit besitzen. Erst wenn mehrere Merkmale dieser Kompetenztendenzen kaum oder gar nicht ausgeprägt sind, ist voraussagbar, dass Kinder sowohl schon zum Schulstart als auch mit sehr hoher Wahrscheinlichkeit in der weiteren Schulzeit Lernschwierigkeiten haben werden.

In diesem Zusammenhang sei eine weitere, wichtige Anmerkung gestattet. In einigen Bundesländern (z. B. in Bayern und NRW) wird inzwischen auch der Stichtag für die Einschulung schrittweise vorgezogen (ab Schuljahr 2007/2008): vom bisher üblichen 30. Juni eines jeden Jahres auf den 31. Dezember ab 2014/15, wobei pro Schuljahr der Einschulungsstichtag um einen Monat vorverlegt wird. Damit soll erreicht werden, dass schließlich eine Einschulung mit fünf Jahren erfolgen wird. Diese (politisch gesetzte) Tatsache widerspricht allerdings diametral allen ernst zu nehmenden, wissenschaftlichen Forschungsergebnissen, die bisher in Deutschland vorliegen. Angefangen von dem achtjährigen „Kindergarten-Vorklasse-Versuch" des Landes NRW (1970–1977), der schon damals als versuchsweise Umsetzung des Beschlusses des Deutschen Bildungsrates von 1970 zur Vorverlegung des Schuleintrittalters gedacht war bis hin zu den Ergebnissen einer Analyse der IGLU-Daten (November 2005, vorgestellt von P. Puhani und A. Weber, beide TU Darmstadt) unter dem Aspekt „Früheinschulung/Späteinschulung". Die Ergebnisse beider Studien bringen eindeutige Daten zutage:

1. Kinder, die vor Vollendung ihres sechsten Lebensjahres eingeschult wurden, weisen im vierten Schuljahr in den IGLU-Aufgaben deutlich schlechtere Leistungsergebnisse auf als spät eingeschulte Kinder.

2. Früheinschulung widerspricht damit der Erwartung, dass durch die vorgezogene Einschulung ein Zeitjahr gewonnen wird. Im Gegenteil: die Gefahr ist außergewöhnlich hoch, dass dadurch bei vielen Kindern das Gegenteil des Erwünschten erreicht wird.

3. Früheingeschulte Kinder weisen sich besonders häufig durch eine fehlende Konzentrationsfertigkeit, mangelnde Belastbarkeit und Frustrationstoleranz sowie fehlende Selbstorganisation aus. Im

Übrigen erfolgt in Finnland, dem PISA-„Sieger", die Einschulung erst mit sieben Jahren.

> *„Kleine Kinder und überhaupt Kinder vor der Schulfähigkeit sollen noch nicht ge-, nicht beschult, sondern sollen entwickelt werden. Nur die Einseitigkeit und Halbheit schuf Kleinkinderschulen, welche ein Widerspruch mit der Kindernatur sind."*
>
> ***aus einem Brief Friedrich Fröbels an Ida Seele***

d) Fazit

Schulfähigkeit ist damit nicht das Ergebnis einer immer früher angesetzten kognitiven Förderung eines Kindes, sondern vielmehr das Ergebnis einer stabilen Gesamtpersönlichkeitsentwicklung von Kindern, ausgestattet mit einem gut und sicher ausgeprägten Selbstwertgefühl. Weder vorverlegte „Kader(vor)schulen einer bildungsoffensiven Frühförderpädagogik" noch „schulvorgezogene, kognitionsfokussierte Trainingseinheiten im Kindergarten" können eine Schulfähigkeit mit **nachhaltigen** Tendenzen fördern. Genau das Gegenteil ist der Fall. Es gibt von Jahr zu Jahr eine steigende Tendenz von gut begabten Schulversagern. Dabei haben Kinder und Jugendliche mit einem gut ausgeprägten Intelligenzquotienten massive Schulschwierigkeiten, weil die drei anderen Schulfähigkeitsbereiche – und hier insbesondere im emotionalen und sozialen Kompetenzbereich – größere bzw. große Defizite aufweisen. Allzu lange wurde (und wird bis heute) der Begriff „Schulfähigkeit" mit dem Begriff „Intelligenz" gleichgesetzt bzw. verwechselt. Um es mit einer einfachen Analogie auszudrücken: Intelligenz ist wie der Besitz eines Fahrrades – der Besitz eines Rades gibt aber noch keine Auskunft darüber, ob der Radbesitzer auch Rad fahren kann. Letzteres meint Schulfähigkeit. Vieles zu wissen heißt nicht, automatisch vieles zu können.

Gerade in der heutigen Zeit braucht eine Industriegesellschaft wie Deutschland **Querdenker** und Menschen, die mit **viel Eigeninitiative** und in Kenntnis ihrer besonderen Begabungen (Qualitäten) Lebens- und Arbeitsanforderungen erkennen und selbstaktiv gestalten, Menschen, die **Bildungswagnisse** eingehen und kreative Möglichkeiten suchen bzw. finden, ihren Lebens- und Berufsweg **selbstverantwortlich** und **sozial verträglich** zu gestalten. Menschen, die **innovative Problemlösungsmöglichkeiten** entdecken und perspektivorientiert handeln. All das sind Herausforderungen der Gegenwart und in noch stärkerem Maße Handlungsnotwendigkeiten in der Zukunft.

Um diesem gesellschaftlich notwendigen und politisch sehr bedeutsamen Aspekt entgegenzukommen, **brauchen Kinder und Jugendliche** eine lebendige und konstruktiv ausgerichtete Kommunikations-, Umgangs-, Konflikt-, Freizeit- und Sprachkultur, die sie schon im Elternhaus erleben. Gleichzeitig **brauchen Kinder** dafür eine entdeckungsorientierte, spannende, lebensbezogene und aktive Elementar- und Schulpädagogik, in der die Fülle der unterschiedlichen Spielformen und Aktionsprojekte Tag für Tag erfahren und erlebt werden kann. Nur so zeigen sich Elternhäuser, Kindertagesstätten und später auch die Schulen als „Orte für Entdecker, Tüftler und Forscher" in bester Qualität im Sinne eines Auf- und Ausbaus von Schulfähigkeit/Schulbereitschaft. So lernen Kinder „nebenbei" **(= concomitant learning)** ihr Leben kennen, entdecken ihre vielfältigen Potenziale und Begabungen, entwickeln Lern- und Handlungsstrategien und erfahren gleichzeitig „nebenbei" eine erfüllte, glückliche Kindheit.

Es besteht eine enge und nicht zu trennende Verbindung zwischen der *Spielfähigkeit eines Kindes und seiner Schulfähigkeit.* Ingrid Pramling Samuelsson, Inhaberin des Lehrstuhls für frühkindliche Erziehung an der schwedischen Universität Göteborg, bezeichnet das **Spiel** als ***zentralen Faktor in unserem Leben.*** Sie hebt immer wieder hervor, dass die Entwicklungsmöglichkeiten eines Kindes in seiner frühen Entwicklungszeit immens seien und dabei statte die unerschöpfliche Vielfalt des Spielens die Kinder mit einem Reaktionsmuster aus, das seine zukünftige Erlebnis- und Gestaltungswelt entscheidend beeinflussen werde. Doch so bahnbrechend neu ist ihre Erkenntnis nicht. Schon in den Siebzigerjahren des letzten Jahrhunderts konnte die Psychologin Monika Keller mit ihren weithin bekannten Untersuchungen belegen, dass **bedeutsame kognitive Fähigkeiten** wie der Erwerb und die zielgerichtete Nutzung von Begriffen und Wissen, der Aufbau von Strategien zur zielgerichteten Betrachtung und Lösung von Problemen, ein faktenorientiertes, schlussfolgerndes und logisches Denken sowie der sorgsame Umgang mit der Sprache als ein wesentliches Medium zur konstruktiven Kommunikation **sich auch und gerade in Interaktionssituationen vollziehen, die nicht auf kognitive Lernziele ausgerichtet sind**. Und hier sind als Beispiele die vielfältigen Spielformen als solche Interaktionssituationen zu nennen. Sie stieß in ihren empirischen Untersuchungen (1970–1978) vor allem auf die Tatsache, dass Kinder, die viel spielten, ein ausgeprägtes Maß an „Aufmerksamkeit, Konzentrationsfertigkeit, Wahrnehmungs- und Beobachtungsfertigkeit sowie einer analytischer Wahrnehmung" aufwiesen. Diese Kinder zeigten darüber hinaus einen konstruktiven Problemlösestil, ein angemessenes reaktionsschnelles Handeln und eine gewissenhafte Planung bei schwierigen Aufgabenstellungen, ein vorausschauendes Denken und vor allem Anstrengungsbereitschaft. Das Spiel ist damit nicht nur eine kindertypische Ausdrucksform, sondern vielmehr auch ein *„indirekter, direkter Weg"* zum Aufbau und zur Verbesserung einer Schulfähigkeit! So zeigte sich beispielsweise auch in dem Modellversuch „Wiener Spielprojekt", der von der Psychologin Waltraud Hartmann (Universität Wien und Leiterin des Charlotte Bühler Instituts für praxisorientierte Kindheitsforschung) geleitet wurde, dass durch das „freie Spiel " ein fließender Übergang vom Kindergarten zur Grundschule geschaffen werden sollte, um *Kindern mit Schulschwierigkeiten effektiv zu helfen*. Die Wissenschaftlerin interessierte sich dabei weniger für die Schulleistungen der Kinder als vielmehr für deren

Persönlichkeitsentwicklung, weil sie davon ausging, dass das Spiel innerlich motiviert ist und den Kindern vor allem hilft, eigene Gefühle nach außen zu tragen. Dies sah sie als eine Voraussetzung dafür an, dass Kinder in einem erholten und entspannten Zustand besonders gut lernen. So wurden über den ganzen Schulvormittag bestimmte Spielzeiten verteilt. Freie Spielphasen vor dem Unterrichtsbeginn, in den Pausen und während des Unterrichts – außerdem wurden Spiele zur Veranschaulichung und Differenzierung von Themenbereichen und im Förderunterricht angeboten. **Obgleich das Spielprojekt zunächst nur für die erste Klasse gedacht war wurde es wegen der positiven Auswirkungen auf das Lern- und Leistungsverhalten der Kinder und aufgrund der angenehmen Erfahrungen der Lehrkräfte bis zur vierten Klasse fortgesetzt.** Außenstehende Skeptiker bezweifelten dennoch immer wieder, ob die „Spielprojektkinder" auch **genügend lernen** würden. So wurden regelmäßig vergleichende Leistungstest mit diesen Kindern und einer Kontrollgruppe durchgeführt. Das Ergebnis war eindeutig: **Die „Spielprojektkinder" zeigten im Vergleich zur Kontrollgruppe erstens eine größere Schulzufriedenheit, zweitens mehr Pflichteifer und drittens ein hochsignifikant besseres Ergebnis bezüglich eines divergenten Denkens!** Außerdem konnten bei den Kindern im sozialen Bereich positive Effekte beobachtet werden und zusätzlich zeigten die „Spielprojektkinder" keinen Leistungsabfall zur Kontrollgruppe. Eine spätere Nachuntersuchung der Kinder in der neunten Klasse ergab sogar, dass die ehemaligen „Spielprojektkinder" weiterhin sprachlich kreativer waren.
In Deutschland führte der Erziehungswissenschaftler Hanns Petillon von der Universität Landau von 1992–1996 an sechs Grundschulen in Rheinland-Pfalz ein ähnliches Projekt mit dem Konzeptschwerpunkt „Lern- und Spielschule" durch, mit dem Ergebnis, dass die Leistungs-, Kreativitäts- und Persönlichkeitsentwicklung ähnlich positiv verlief wie bei dem Wiener Projekt. Was hier jedoch zusätzlich in besonders starkem Maße auffiel: **Die Kinder zeigten ganz besonders hohe Werte im sozialen Bereich.** So nahmen die Ausgrenzung an-

derer Kinder und ein aggressives Verhalten deutlich ab. Das deutlich geringere Aggressionspotenzial wirkte sich zusätzlich lernfördernd auf die gesamte Gruppe aus und die Kinder verglichen ihre gezeigten Leistungen weniger mit denen anderer Kinder, sondern legten den Vergleichsmaßstab vielmehr an den bewältigten Aufgaben selbst an.

Bedingungen zur Förderung des Spiels

Wenn das Spiel des Kindes als eine **grundlegende Haupttätigkeit** seines Lebens gesehen und als solche auch eingestuft werden muss, dann ist es erforderlich, dass Kinder auch entsprechende *Spielbedingungen* erhalten, um entsprechende Entwicklungsprozesse auf- und auszubauen. Entsprechend der Beschaffenheit dieser Bedingungen wird das Spielverhalten von Kindern eher gefördert oder behindert– schlimmstenfalls unterbunden. Gleichzeitig ermöglichen oder verhindern die vorhandenen Spielbedingungen die vielfältigen Spielformen, die jede für sich ganz spezifische Lernerfahrungen initiiert und in einen weiteren Gestaltungsprozess führt. Grundsätzlich zählen zu den wesentlichen Spielbedingungen die Merkmale ***Zeit, Platz, Materialien, Mitspieler/-innen, Entscheidungsfreiheit und Ruhe*** (vgl. Baer 1981, S. 39 ff.).

- ***Zeit:*** Je jünger die Kinder sind, desto intensiver sind sie ganz in ihr Spiel vertieft. Beobachtungen haben ergeben, dass kleine Kinder bis zu neun Stunden am Tag spielen, wenn man ihnen die Möglichkeit dafür einräumt. Spielen ist die Zeit, die frei von äußeren Erwartungen oder Verpflichtungen ist und sie ist für Kinder immer ausgefüllt. Dabei spielt es keine Rolle, ob sie auch tatsächlich – von einer Außensicht betrachtet – immer „aktiv" sind. Das Spielen ist durch Tätigkeiten *und* zurückgezogene Beobachtungen, wildes Agieren *und* stummes Betrachten, Gespräche mit anderen *und* eine innere Zwiesprache mit sich selbst gekennzeichnet, in denen das Kind seinem subjektiven Spielerlebnis nachgeht. Unterbrechungen oder Zeitabbrüche stören diesen Ereignisprozess ganz erheblich.

- ***Platz:*** Zunächst nutzen kleinere Kinder ihren unmittelbaren Lebensraum für ihre Spielaktivitäten. Solange sie noch im Kinderwagen oder im „Laufstall" sind und noch nicht den freien Gang beherrschen, fixieren sie sich auf ihre eigene, kleine Spielfläche. Mit zunehmendem Alter richten sie ihre ganze Aufmerksamkeit allerdings auch auf ihr gesamtes, weiteres Umfeld. So werden alle Räume der Wohnung, der eigene Garten und/oder öffentliche Rasen- und Spielflächen, öffentliche Plätze, Wiesen und Wälder, die Wohnungen ihrer Spielkameraden und alle zur Verfügung stehenden Flächen zu ihrem Spielplatz, den sie nach eigenen Vorstellungen und Möglichkeiten (um-)gestalten und nutzen. Angesichts der Tatsache, dass alle Spielräume ihren eigenen Charakter und ihre eigenen Besonderheiten besitzen ist es notwendig, dass Kinder diese unterschiedlichen Spielorte kennen lernen, nutzen und damit vielfältigste Erfahrungen in abwechslungsreicher Umgebung und großzügiger Vielfalt machen können. Es bleibt nicht aus, dass Kinder aufgrund eigener Spielvorstellungen andere Maßstäbe an Ordnung oder Sauberkeit anlegen als Erwachsene! Sie sollten daher darauf achten, das Spiel der Kinder nicht durch einengende Regeln oder normativ geprägte Erwartungen einzuschränken, unattraktiv werden zu lassen oder gar zu unterbinden.

- ***Materialien:*** So vielfältig die Spielformen und Ausdrucksmöglichkeiten der Kinder sind so vielfältig sind ihre Spielmaterialien. Ob es der eigene Körper ist (mimisches Ausdrucksspiel) oder ob es die unterschiedlichen Materialen zum Bauen und Werken sind, die zur Herstellung von Spielgegenständen benötigt werden, ob es Verkleidungsutensilien für das Rollenspiel oder Bäume und große Steine sind, die zu Kletter- und Fangspielen einladen, ob ein unübersichtliches Gelände zum Versteckspiel dient oder Zelte und Höhlen als Burgen umgedeutet werden, ausgediente Elektrogeräte zum Zerlegen als Fundus für Experimentierspiele benötigt werden oder – selbst entwickelte – Musikinstrumente die Fantasie anregen, Stifte und Farben zum Malen oder zur endgültigen Gestaltung von Kulissen eingesetzt werden – immer sind es vielfältigste und sehr unterschiedliche Dinge, die das Spiel reichhaltiger werden lassen. Bei allen Materialien geht es aber nicht in erster Linie um fertige Spielmittel – vielmehr müssen die Materialien auch immer wieder entgegen ihrer funktionalen Bestimmung zweckentfremdet werden können und veränderbar sein, Neugierde provozieren und die Fantasie des spielenden Kindes anregen. **(Anmerkung: Im klassischen Verständnis des Spiels sind daher „Spiele" auf dem Gameboy oder PC-„Spiele" Beschäftigungen und keine Spiele!)** Anfang der 90er-Jahre des letzten Jahrhunderts entstand in einem Suchtarbeitskreis in Oberbayern die pädagogische Idee des sogenannten spielzeugfreien Kindergartens mit den intendierten Zielen, dass Kinder weniger Konsumabhängigkeit entwickeln (indem sie lernen sollten, Langeweile und Frustration auszuhalten), mehr Kreativität aufbauen, mehr Lebenskompetenzen zeigen (indem sie die Erfahrung machen müssen, mehr miteinander zu reden und zu agieren) und vor allem, dass dies der „Suchtprophylaxe" dienlich sei. Kinder könnten im Sinne einer Vermeidungsstrategie nicht mehr zum Spielzeug „flüchten" und wären damit später weniger anfällig für Süchte aller Art. Dr. Hans Mogel, Psychologieprofessor an der Universität Passau, sagt dazu Folgendes: [...] „Kindern kein Spielzeug zu geben ist Spielzeugdeprivation. Das ist eine Form von Kindesmisshandlung. Deprivation geht auf Kosten des Erlebens von Geborgenheit und der Entwicklung eines gesunden Selbstwertgefühls. [...] Wenn Kinder die Realität unserer modernen Gesellschaft bewältigen sollen, dann brauchen sie auch Spielzeug, welches diese Gesellschaft widerspiegelt. [...] Die Kindergärten können auf teures Modespielzeug durchaus verzichten, aber Puppen, Klötzchen und Bausteine sollten sie auf jeden Fall behalten." (H. Mogel. In: Focus Nr. 27/1997, S. 152). Thomas Dannenberg, Diplompsychologie, äußert sich in dem gleichen Beitrag unter der Überschrift „Versuchskaninchen Kind" so: „Ein Teil der Kinder reagiert mit Stress und Ängstlichkeit auf das Chaos im spielzeugfreien Kindergarten" (S. 151) und Dr. Hans-Rudolf Becher, Pädagogikprofessor an der Universität zu Köln, kommt zu dem Schluss: „Der Wechsel zwischen Phasen mit Spielzeug und ohne Spielzeug ist an sich sehr sinnvoll – aber Spielzeug über einen festen Zeitraum zu verbieten ist ein unpädagogisches Zwangsmittel. Man sollte nicht neben der Welt her erziehen" (S. 153).

- ***Mitspieler/-innen:*** Da das Spiel – je nach Spielform und Absicht des Kindes – sehr unterschiedliche Funktionen besitzt, ermöglicht es der spielenden Person, entweder mit sich alleine und dem Spiel zu kommunizieren oder mit sich, dem Spiel und anderen Menschen (Gleichaltrigen, älteren und jüngeren Kindern, Eltern, Großeltern, Nachbarschaftskindern oder Erzieher/-innen) zu interagieren. So kann das Kind in diesen Spielsituationen Erlebnisse, Erfahrungen und (Sinnes-)Eindrücke verarbeiten, zukünftige, für das Kind bedeutsame Situationen kognitiv bzw. emotional ordnen oder „einfach nur" mit Freude eine Spielhandlung erleben. Doch bei allen Spielerlebnissen gibt es einen „roten Faden": Das Spiel unterstützt das Kind dabei, seine eigene Identität zu finden bzw. zu stabilisieren bzw. seine soziale Kompetenz zu erweitern. Und hierbei bekommt es Hilfe und Anregungen durch seine Mitspieler/-innen. Sie sind es, die durch ihre Spielimpulse neue Aspekte in ein Spiel hineintragen und so dafür sorgen, dass das spielende Kind zu neuen, inneren Auseinandersetzungen finden kann.

- ***Entscheidungsfreiheit:*** Da jedes Spiel aus seiner „Zweckfreiheit" heraus lebt und sich durch sich selbst zum Umgang mit den Spielmaterialien bzw. Mitspieler/-innen auffordert, gewinnt jedes Spiel für Kinder nur dadurch einen (An-)Reiz, wenn es für das Kind motivierende Merkmale enthält. So lebt das Spiel in erster Linie aus der kindeigenen Freude daran, sich auf die Spielhandlung selbst einlassen zu wollen. In der Praxis ist häufig zu beobachten, dass immer wieder zwischen „sinnvollen" (konstruktiven) und „sinnlosen" (destruktiven) Spielen unterschieden wird. Eine solche Differenzierung ist weder fachdidaktisch noch entwicklungspsychologisch haltbar, weil jedes Kinderspiel sinnvoll und damit entwicklungsbedeutsam ist. Gerade sogenannte didaktisierte Spiele bieten kaum die Möglichkeit, eigenen Fantasien und kreativen Gestaltungsmöglichkeiten nachgehen zu können. Wo dann durch Erwachsene entsprechende Spielreglementierungen folgen oder gar disziplinierend auf Kinder eingewirkt werden soll, ist der Sinn eines Spiels im originären Sinne nicht mehr vorhanden.
- ***Ruhe:*** Auch wenn es bei den unterschiedlichsten Spielformen häufig lebendig und laut zugeht, brauchen Kinder Ruhe, um sich weitestgehend ungestört in ihren Spielsituationen wohl fühlen zu können. Nahezu jedes Spiel ist durch einen Spielaufbau gekennzeichnet – so gibt es einen Einstieg, eine intensive Hauptphase und einen Abschluss.

Störungen von außen würden dabei diese Struktur unterbrechen und für Kinder durcheinander bringen. Mögen manche „Ratschläge" der Erwachsenen auch noch so gut gemeint sein, ein Spiel so oder so zu gestalten, ändert dies nichts an der Tatsache, dass Spielaufläufe dadurch eine andere Wendung als vom Kind beabsichtigt bekommen. Damit kann sich ein Kind aber nicht mehr in *sein* Spiel fallen lassen.

Aufgrund dieser hohen Bedeutung des Spiels für die Entwicklung der Kinder ergeben sich viele Fragen, mit denen sich (sozial-)pädagogische Fachkräfte auseinandersetzen müssen.

Fragen, die die eigene Person betreffen:

- Wird dem Auf- und Ausbau der eigenen Spielfähigkeit ein hoher Wert beigemessen und auf welche Art und Weise wurde bisher die eigene Spielfähigkeit erweitert?
- Welche Rolle nehme ich in den unterschiedlichen Spielformen ein? Trete ich in der Regel als Mitspieler/-in, Spielunterbrecher/-in, Spielentwickler/-in, Spielinitiator/-in, Spielverderber/-in oder Spielbeobachter/-in auf?
- Welche Spielformen machen mir am meisten Freude und warum?
- Mit welchen Spielformen habe ich persönlich am meisten Schwierigkeiten und warum?
- Wirke ich in der Spielzeit der Kinder als Spielvorbild und biete ich mich damit immer wieder als Spielmodell an?
- Welche Vorstellungen von „Spielregeln" habe ich während des Spiels der Kinder/mit Kindern und inwieweit sind sie dazu geeignet, das Spielverhalten der Kinder im Hinblick auf „Kreativität und Fantasie, Selbstständigkeitsentwicklung und Autonomie" entscheidend zu unterstützen?

Fragen, die die Spielpraxis direkt betreffen:

- Welche Spielformen wurden bisher in der Praxis ausreichend bzw. zu wenig initiiert und berücksichtigt?
- Gibt es Spielformen, die in der Vergangenheit völlig ausgeblendet wurden?
- Wird den Kindern genügend Zeit und Raum zur Verfügung gestellt, um das Spiel in seiner Vielfalt zu entdecken und zu erleben?
- Sind die räumlichen und strukturellen Rahmenbedingungen in der Einrichtung dazu geeignet, das Spielverhalten der Kinder anzuregen und zu unterstützen?
- Stehen den Kinder ausreichend attraktive Spielmittel zur Verfügung?
- Legen die vorhandenen Spielmittel (im Innen- und Außenbereich der Einrichtung) durch ihren Aufbau und ihre Struktur den Spielablauf fest oder bieten sie ausreichende Möglichkeiten zur Selbstgestaltung und Veränderung?
- Welche Regeln und Vorgaben gibt es, die das Spielverhalten der Kinder aktivieren und welche Regeln oder normativen Einflüsse sind dazu geeignet, das Spielverhalten der Kinder einzuschränken?

Wenn „Spielen der Urgrund der Entwicklung ist" (Renz-Polster, 2013, S. 159) und in bundesdeutschen Kindergärten aufgrund der verschulten Bildungsmaschinerie das Spielen immer mehr ins Abseits gedrängt wird, dann - so Renz-Polster - „müssen sich nicht etwa die Erzieherinnen rechtfertigen, die Kinder frei spielen lassen, sondern diejenigen, die dies nicht tun" (2013, S. 210).

Literaturhinweise

Auerbach, St. (2001): Spielerische Intelligenz. München: Beust

Bäcker-Braun, K. (2008): Kluge Babys – Schlaue Kinder. Grundlagen, Spiele und Ideen zur Intelligenzentwicklung. München: Don Bosco

Baer, Ulrich (1981): Wörterbuch der Spielpädagogik. Basel: Lenos

Beins, H.J./Cox, S. (2001): „Die spielen ja nur!?" Psychomotorik in der Kindergartenpraxis. Dortmund: borgmann

Caillois, R. (1958): Die Spiele und die Menschen. Maske und Rausch. Stuttgart: Kohlhammer

Chateau, G. (1969): Das Spiel des Kindes. Natur und Disziplin des Spielens nach dem dritten Lebensjahr. Paderborn: Schöningh

Einsiedler, W. (1991): Das Spiel der Kinder. Zur Pädagogik und Psychologie des Kinderspiels. Bad Heilbrunn: Klinkhardt

Flitner, A. (1977): Spielen- Lernen. Praxis und Deutung des Kinderspiels. München: Piper

Friedrich, G./Friedrich, R./Galgoczy, V. de (2008): Mit Kindern Gefühle entdecken. Ein Vorlese-, Spiel- und Mitsingbuch. Weinheim: Beltz

Flor, D. und Petillon, H. (1997): Abschlussbericht Spiel- und Lernschule. Saarburg: Staatliches Institut für Lehrerfort- und -weiterbildung.

Fritz, J. (1991): Theorie und Pädagogik des Spiels. Eine praxisorientierte Einführung. Weinheim/München: Juventa

Hanifl, L., Hartmann, W., Rollett, B. (1994): Die Auswirkungen des Wiener Spielprojekts in der Volksschule auf die Schullaufbahn und Persönlichkeitsentwicklung der Schüler der 9. Schulstufe unter besonderer Berücksichtigung der sprachlichen Kreativität. In: Olechowski, R., Rollett, B. (Hrsg.): Theorie und Praxis. Aspekte empirisch-pädagogischer Forschung – quantitative und qualitative Methoden. Frankfurt/Main: Peter Lang

Huizinga, J. (1956): Homo ludens. 2. Aufl. Reinbek: Rowohlt

Kathke, P. (2001): Sinn und Eigensinn des Materials. Band 1 und 2. Neuwied/ Berlin: Luchterhand

Keller, M (1973): Spiel und kognitives Lernen, ein Widerspruch? In: Daublebsky, B.: Spielen in der Schule. Stuttgart: Klett

Keller, M. (1976). Kognitive Entwicklung und soziale Kompetenz. Stuttgart: Klett

Kohl, M.F. (2004): Matschen. Kreatives Arbeiten mit verschiedenen Modelliermassen. Seelze-Velber: Kallmeyer

Krenz, A. (Hrsg.) (2007): Psychologie für Erzieherinnen und Erzieher. Grundlagen für die Praxis. Mannheim: Cornelsen Scriptor

Lange, U./Stadelmann, T. (2002): Sand-Wasser-Steine. Spiel-Platz ist überall. Weinheim: Beltz.

Liebertz, Ch. (2000): Das Schatzbuch ganzheitlichen Lernens. Grundlagen, Methoden und Spiele für eine zukunftsweisende Erziehung (2. Aufl.). München: Don Bosco

Loo, O.van de (Hrsg.) (2005): Kinder-Kunst-Werk. Künstlerisches Arbeiten mit Kindern und Jugendlichen. München: Kösel

Mogel, H. (1994): Psychologie des Kinderspiels (2. Aufl.). Heidelberg: Springer

Oerter, R. (1999): Psychologie des Spiels. Weinheim: Beltz

Partecke, E. (2002): Kommt, wir wollen schön spielen. Praxishandbuch zur Spielpädagogik im Kindergarten. Weinheim/München: Juventa

Partecke, E. (2004): Lernen in Spielprojekten. Praxishandbuch für die Bildung im Kindergarten. Weinheim: Beltz

Pausewang, F. (2006): Dem Spielen Raum geben. Grundlagen und Orientierungshilfen zur Spiel- und Freizeitgestaltung in sozialpädagogischen Einrichtungen. Berlin: Cornelsen Verlag

Pohl, G. (2008): Kindheit – aufs Spiel gesetzt (2. Aufl.). Berlin: Dohrmann

Portmann, A (1976): Das Spiel als gestaltete Zeit. In: Bayer. Akademie der Schönen Künste (Hrsg.): Der Mensch und das Spiel in der verplanten Welt. München: Akademieverlag

Renz-Polster, Herbert + Hüther, Gerald (2013): Wie Kinder heute wachsen. Weinheim: Beltz Verlag

Retter, H. (1991): Kinderspiel und Kindheit in Ost und West. Spielförderung, Spielforschung und Spielorganisation in einzelnen Praxisfeldern- unter Berücksichtigung des Kindergartens. Bad Heilbrunn: Klinkhardt

Rossetti-Gsell, V. (1998): Spielen- Sprache der kindlichen Seele. Freiburg: Herder

Samuelsson, I.P. (1990): Learning to learn. A study of swedish preschool children. New York: Springer

Scheuerl, H. (1985): Zum Stand der Spieleforschung. In: Einsiedler, W. (Hrsg.) (1985): Aspekte des Kinderspiels. Pädagogisch-Psychologische Spielforschung. Weinheim: Beltz

Seitz, R. (1998): Phantasie & Kreativität. Ein Spiel- ,Nachdenk- und Anregungsbuch. München: Don Bosco

Steininger, R. (2005): Kinder lernen mit allen Sinnen. Wahrnehmung im Alltag fördern. Stuttgart: Klett-Cotta

Treeck, M.-J. G. van (1990): Spielend fördern. Integriertes Lernen durch Spiel. Dortmund: borgmann

Weber, C. (2004): Spielen und Lernen mit 0-3-Jährigen. Weinheim: Beltz

Wege, B. vom/Wessel, M. (2004): Spielen im Beruf. Spieltheoretische Grundlagen für pädagogische Berufe. Troisdorf: Bildungsverlag EINS.

Weinberger, S. (2001): Kindern spielend helfen. Eine personzentrierte Lern- und Praxisanleitung. Weinheim: Beltz

Das Spiel und seine Bedeutung für den Aufbau einer Schulfähigkeit

Bellenberg, G. (1999): Individuelle Schullaufbahnen. Eine empirische Untersuchung über Bildungsverläufe von der Einschulung bis zum Abschluss. Weinheim: Beltz

Bock, U. (1995): Das störungsfreie Kind? Welt des Kindes, 4, S. 22–23

Bowlby, J. (2001): Frühe Bindung und kindliche Entwicklung. (4.Aufl.). München: Reinhardt

Breuer, H. & Weuffen, M. (1993): Lernschwierigkeiten am Schulanfang. Schuleingangsdiagnostik zur Früherkennung und Frühförderung. Weinheim: Beltz

Bronfenbrenner, U. (1988): Wie wirksam ist kompensatorische Erziehung? Stuttgart: Klett-Cotta

Elschenbroich, D. (2002): Weltwissen der Siebenjährigen. Wie Kinder die Welt entdecken können. München: Goldmann

Faust-Siehl, G./Schmitt, R./Valtin, R. (Hrsg.): Kinder heute – Herausforderung für die Schule. Frankfurt a.M. Arbeitskreis Grundschule e.V.

Faust-Siehl, G. u.a. (2002): Die Zukunft beginnt in der Grundschule. Empirische Empfehlungen zur Neugestaltung der Primarstufe. Reinbek: Rowohlt

Gerbert, F. (1997): Versuchskaninchen Kind. FOCUS, 27, S. 151–153

Flor, D. & Petillon, H. (1997): Abschlussbericht Spiel- und Lernschule. Saarburg: Staatliches Institut für Lehrerfort und -weiterbildung

Goleman, D. (1996): EQ Emotionale Intelligenz. München: Hanser

Gottman, J. (1997): Kinder brauchen emotionale Intelligenz. Ein Praxisbuch für Eltern. München: Diana

Griebel, W. & Niesel, R. (2002): Abschied vom Kindergarten – Start in die Schule. München: Don Bosco

Griebel, W. & Niesel, R. (1999): Vom Kindergarten in die Schule: Ein Übergang für die ganze Familie. Bildung, Erziehung, Betreuung. 2, S. 8–12

Hacker, H. (1998): Vom Kindergarten zur Grundschule. Theorie und Praxis eines kindgerechten Übergangs. Bad Heilbrunn: Klinkhardt

Helmke, A. (1992): Selbstvertrauen und schulische Leistungen. Göttingen: Hogrefe

Hetzer, H. (1936): Die seelischen Veränderungen des Kindes bei dem ersten Gestaltswandel. Leipzig. In: Berger, M.: Schulreife- Anfrage an einen fragwürdigen Begriff. WWD, 32/33, S. 10. Rodach Februar 1986

Hössl, A. (1995): Misslungener Start in die Schule. Zur Situation des Übergangs. Welt des Kindes, 4, S. 6–11

Hopf, A. & Zill-Sahm, I. & Franken, B. (2004): Vom Kindergarten in die Grundschule. Weinheim/Basel: Beltz

Kammermeyer, G. (2001): Schulfähigkeit. Kriterien und diagnostische/ prognostische Kompetenzen von Lehrerinnen, Lehrern und Erzieherinnen. Bad Heilbrunn: Klinkhardt

Kammermeyer, G. (2001): Schuleingangsdiagnostik. In G. Faust-Siehl und A. Speck-Hamdan (Hrsg.): Schulanfang ohne Umwege, S. 96–118. Frankfurt: Grundschulverband

Klein, G. (1999): Kinder schulfähig machen? Zur Diskussion um einen erfolgreichen Schulanfang. kindergarten heute, 1, S. 6–13

Krenz, A (2008): Ist mein Kind schulfähig? Ein Orientierungsbuch. (5. Aufl.) München: Kösel

Krenz, A (1989): Spielen und Lernen. Zusammenhänge zwischen Spiel- und Schulfähigkeit bei Kindern im Kindergartenalter. kindergarten heute, 1, S. 44–47

Krenz, A. (2001): Kinder spielen sich ins Leben. Der Zusammenhang von Spiel- und Schulfähigkeit. Wehrfritz Wissenschaftlicher Dienst, WWD, 75, S. 8–9

Meise, S. (2004): Spielend lernen. Psychologie heute, 5, S. 28–31

Müller-Mees, E. (2003): Kinderspiele für alle Sinne. 150 verblüffende Ideen. Stuttgart: Urania

Olechowski, B. & Rollett, B. (Hrsg.) (1994): Theorie und Praxis. Aspekte empirisch-pädagogischer Forschung – quantitative und qualitative Methoden. Frankfurt a.M.: Peter Lang.

Pee, L. (1991): Was noch vor dem Spielzeug kommt. Kinder, 6, S. 16–17, S. 41–42

Pee, L. (1996): Wie viel Spiel-Raum hat Ihr Kind? Kinder, S. 7, 16, 20, 22, 31

Portmann, R. (1991): Schulreifetests: Warum sie nicht halten, was sie versprechen. Theorie und Praxis der Sozialpädagogik, TPS, 1, S. 16–18

Portmann, R. (1995): Schulfähig sind ja alle Kinder. Welt des Kindes, 4, S. 12–14

Pramling Samuelsson, I. (1990): Learning to learn. A study of swedish preschool children. New York: Springer

Scheuerl, H. (19985): Spiel ist keine Spielerei! Grundsätzliche Bemerkungen über ein zeitloses Thema der Pädagogik. Welt des Kindes, 9, 383–388

Singer, K. (2000): Wenn Schule krank macht ... Wie macht sie gesund und lernbereit? Weinheim: Beltz

Speichert, H. (1991). Angst als Ursache von Schulversagen. Theorie und Praxis der Sozialpädagogik, TPS, 1, S. 11–14

Thüringer Sozialakademie (Hrsg.): Was heißt hier schulfähig? Der Übergang vom Kindergarten zu Grundschule und Hort. Tagungsbericht. Jena: Eigendruck

Witzlack, G. (1968): Zur Diagnostik und Entwicklung der Schulfähigkeit: Berlin

Witzlack, G. (1995): Das Brandenburger Einschulungsmodell. In: Ministerium für Bildung, Jugend und Sport des Landes Brandenburg (Hrsg.): Der Übergang von der Kindertagesstätte in die Grundschule – Dokumentation der Referate und der Diskussion der Fachkonferenz am 27. und 28.11.1995 in Potsdam. Potsdam

Zeller, W. (1952): Konstitution und Entwicklung. Göttingen: Hogrefe. In: Berger, M.: Schulreife – Anfrage an einen fragwürdigen Begriff. WWD, 32/33, S. 10)

Rodach Februar 1986